학.마.법.

학부모의 마음을 사로잡는 방법

학.마.법.

학부모의 마음을 사로잡는 방법

발 행 2020년 11월 30일 초판 1쇄
저 자 김주연
발행처
발행인 최영민
대표전화 031-8071-0088
팩스 031-942-8688
주소 경기도 파주시 신촌2로 24
전자우편 hermonh@naver.com
인쇄제작 미래피앤피

등록번호 제406-2015-31호
출판등록 2015년 03월 27일

정가 : 15,000원

ISBN 979-11-91188-01-1 (13690)

코로나 시대,
학부모를 맞이하는 당신을 위한
부모 마음 설명서!

학.마.법.

학부모의 마음을 사로잡는 방법

아빠관장님 김주연 지음

HERMONHOUSE

추천의 글

저자를 대형 서점 강연장에서 만났다. 태권도장을 운영하면서 바쁜 와중에도 책을 가까이하고 저자 강연을 찾아다니는 부지런함에 놀랐다. 어떻게 하면 그렇게 성실하게 살 수 있을까? 책을 보고 깨달았다. 사진 운영법, 아이가 운동하는 모습을 매일 꾸준히 부모님에게 전하는 그 정성이 부모의 마음을 움직인다. 살면서 가장 어려운 일이 사람의 마음을 얻는 법이다. 책에서 아이들에게 성실함을 가르치는 스승의 태도를 배운다.

김민식 PD(〈영어 책 한 권 읽어 봤니?〉 〈매일 아침 써 봤니?〉 MBC 방송국)

성공 학원 운영의 핵심은 학부모의 신뢰를 쌓는 것이다.

태권도 선수 출신도 아니고 태권도를 전공하지도 않은 김주연 관장이 성공한 이유는, 오롯이 학부모들의 신뢰를 많이 쌓았기 때문이다.

이 책은 그의 노하우를 낱낱이 담고 있다. 학부모의 신뢰가 절실한 사람은 강력히 일독을 권한다!

손성도 박사(대한태권도협회 도장 관리 위원회 위원장)

원생을 교육하며 일어나는 일들을 가감 없이 생생하게 담고 있다.

생각들을 매일 글로 남기고 책까지 출간한 점이 정말 대단하고 우리 체육인들에게 본이 된다.

현재의 지도자, 미래의 지도자, 나아가 학부모까지 모두에게 도움이 되는 책이다.

박종인 회장(인천시 연수구 태권도협회)

"항상 감사합니다. 선생님 ^^."

학부모에게 아이가 공부하는 모습과 짧은 글을 보내드리고 받은 문자다. 오랫동안 학습지 교사를 했지만, 학부모의 마음을 얻지 못했다. 하지만 이 책을 읽고, 학부모님에게 사진을 보내기 시작하자 반응이 180도 달라졌다. 이처럼 간단히 학부모의 마음을 얻을 수 있는데 왜 나는 그 사실을 몰랐을까?

황준연 작가

(〈하루 1시간 독서 습관〉, 〈평생 직장은 없어도 평생 직업은 있다〉의 저자)

아이들과 학부모를 대하는 모든 직업군을 가진 사람들은 이 책을 읽어야 한다. 특히 원장이라면 이 책은 세계최고와 같은 동네최고를 만들어 주는 비법서가 될 것이다.

강환규 대표, 작가

('스탠퍼드는 이렇게 창업한다.' 저자, 인문학 교육업체 '봄들애' 대표)

사람이 처음 태어났을 때가 그저 모래사막이라면 좋은 부모와 스승들 그리고 친구들과의 만남으로 채워진 삶은 야자수 열매와 쉴 그늘이 있는 오아시스가 아닐까.

푸근한 미소가 인상적인 김주연 원장님은 제자들의 삶에 쉴 그늘과 열매를 제공하는 '오아시스' 같은 분이다.

이 책을 통해 그저 단순한 '스킬'이 아닌 '섬김의 본'이 되는 참스승의 삶의 기본을 동료 원장들과 가르치는 이들이 나누길 기대한다.

최형욱(송도 English 메가프라임 원장)

나 역시 피아노학원을 운영한 지 20년이 다 되어가는데, 젊은 원장님께 '뭘 배울 게 있을까?'란 의구심이 들었다. 그러나 모더니즘에 빠져 있던 나의 원장생활에 다시 활력을 불어 주는 김주연 원장님의 소신과 [사진운영법], 성실함과 꾸준함에 놀라지 않을 수 없었다.

코로나로 인해서 학원 운영이 어렵지 않은 학원은 없을 것이다. 이 책을 읽고 나서 이 어려운 시기에 새롭게 시작하는 마음으로 다시 돌아가는 계기가 되었다.

김은숙 원장(웰톤 피아노학원)

김주연 아빠관장님의 솔직 담백한 경험과 노하우를 바탕으로 만들어진 책. 실제 학원 운영을 하는 데 있어, 초보 원장님들에게 등대 같은 길을 열어 줄 것이라 믿어 의심치 않습니다.

남병숙 코치(점프윙스 줄넘기클럽)

[사진운영법]은 말할 것도 없고, 문자를 이용한 학부모와의 소통법, 너무나 민감하지만 그만큼 중요한 원비 관련한 부분 등. 사소하지만 우리처럼 학부모를 대해야 하는 사람들에게 너무나 중요한 내용으로 가득하다. 또한, 김주연 관장의 독특한 학원 운영법이나 그의 열정에 전염이 될 것이다.

권경배 강사(국어 과목)

현재나 미래의 학원 운영자들에게 최고의 지침서라 할 수 있습니다. 학부모와 밀접하게 소통하는 방법을 배울 수 있을 것입니다. 몹쓸 바이러스로 인해 마스크를 끼고 활동해야 하는, 이 불편한 환경에서도 더 믿고 보낼 수 있게 하는 방법이 들어있습니다. 김주연 아빠관장님의 송도 하늘 태권도장에 자녀를 보내고 있는 학부모로서 감사함을 느낍니다.

김해숙 어머니(송도 하늘 태권도장 학부모)

감사의 글

모든 걸 주관하시며, 인도하여 주시고 한없이 부족한 길 잃은 한 마리의 양이었던 저에게 무한한 은혜를 베풀어 주시는 나의 주님. 낮은 자를 높여주시고, 적은 자를 많게 하여 주시고, 작은 자를 크게 하여 주시는 나의 주 예수 그리스도께 무한한 감사를 드립니다. 제가 받은 영광과 받을 영광을 모두 다 주님께 돌립니다.

학. 신. 법의 원고를 여러 출판사에 투고했을 때 돌아왔던 수많은 거절 메시지 중 "모쪼록 눈 밝은 출판사와 인연이 닿으셔서 책으로 만나 뵐 수 있기를 고대하겠습니다."라는 메시지가 있었습니다. 그 뒤로 '눈 밝은 출판사'를 만나길 기도했습니다.

헤르몬하우스가 '눈 밝은 출판사'가 되어 주셔서 감사드립니다.

미약한 저의 경험과 지혜가 황준연 작가, 안병선 작가 덕분에 '책'이라는 위대한 이름으로 세상에 선보일 수 있었습니다. 그 귀한 인연에 감사드립니다.

태권도의 재미를 알려 주시고 스승을 넘어 가족까지 되어주신 저의 매형 구정본 사범님께, 태권도 지도자의 길을 보여주시고 본이 되어주신 박태선 사범님께, 따뜻한 사람이 운영하는 태권도장이 되도록 끊임없이 조언해 주시는 손성도 박사님께, 세상 사람 중 가장 많이 저와 우리 가정을 사랑해 주시는 김용남 스승님과 사모님께 진심으로, 마음으로 감사드립니다.

제가 존재하는 이유 중 세 가지이자, 부족함의 끝이 없는 저를 '아빠'라는 위대함으로 불리게 해준 별이, 우주, 하늘이에게 감사합니다.

그 어떤 말로도 감사한 마음을 다 표현할 수 없는, 나의 아내 김유경에게 감사드립니다.

혹, 저에게 다른 이에게 본이 될 만한 무언가가 있다면, 그것은 저의 덕이 아닙니다. 저의 주님과 저의 주변 사람들 덕분입니다. 제 주변의 모든 따뜻한 사람들에게 감사드립니다.

시작의 글

비전공자가 관장님으로 불리기까지

사범으로 시작해 관장이라고 불리기까지 20여 년이 걸렸습니다. 특별한 일은 아니지만, 특별한 일이기도 합니다. 태권도 비(非)전공, 비(非)선수 출신의 지도자인 저에게만큼은 말이죠. 공식적인 자리에서 이 말을 할 때면 마치 고해성사를 하는 기분입니다. 대게 태권도 지도자라면 선수였던 학창시절을 거쳐 관련 학과 대학과 대학원을 졸업한다고 생각합니다. 물론 비선수 출신의 지도자, 비전공자인 지도자도 있습니다. 그러나 두 가지 모두 해당하는 경우는 드뭅니다. 처음에는 이 사실이 지도자 생활에 큰 약점이라고 여겼고 실제 그렇기도 했습니다.

이십대 초반 화려한 선수경력을 가진 혹은 명문교 출신인 사범들 사이에서 일을 시작했습니다. 당시 넘치는 혈기와 근거 없는 자신감에 그들을 넘어서기 위해 스스로 매섭게 다그쳤습니다. 그렇게 10년을 지내고서야 '그들만큼만 되자'고 스스로를 타이르게 되었습니다. 하지만 그만큼 나만의 강점을 찾기 위한 마음이 절실해졌습니다. 단순히 지도자가 되기 위함이 아닌, 좋아서 시작했고 즐기고 싶은 이 일을 오랫동안 하고 싶기 때문입니다. 여느 일이 다 그렇겠지만, 특히 예체능 업종은 좋아하는 일을 업으로 삼은 만큼, 일을 유지하기 위한 애정이 무엇보다 소중합니다. 그렇기에 나만의 강점을 찾는 길이 최우선이었습니다. 그 찾아낸 것들이 제가 이 책에서 이야기하는 학. 마. 법.(학부모의 마음을 얻는 방법)일 것입니다.

학부모의 마음을 얻는 방법

책의 제목에 피식! 웃지만, 슬그머니 다가와 첫 장을 훑어볼 사람. 그들은 아마 학원업 종사자일 것입니다. 지금 바로 당신처럼 말이지요. 당신의 눈에 이 제목이 들어온 이유는 공교육과 달리 교육과 서비스가 동시에 요구되는 사교육 즉 교육서비스업 종사자이기 때문입니다. 이제 막 그 생활을 시작한 사람이라면 혹은 연차가 쌓일 만큼 쌓였는데 도무지 그 속을 모르겠는 상황이라면, 비법을 알려준다는 누군가를 찾아 먼 길 마다하지 않고 달려갈 것입니다. 그래서 이 업계에는 그 비법을 위한 강의와 강연이 꾸준히 열리는 것이 아닐까요?

비법이 존재하는지 저에게 묻는다면, 교육서비스업자 생활 이십 년쯤 하고 나니 슬그머니 알 것도 같고, 그걸 전달하려는 욕구가 생겼다 정도로 말하고 싶네요. '라떼는 말이지'라고 시작하진 않겠습니다. 그냥 큰 바위를 마주한 것 같은 막막함을 지닌 누군가에게 "그건 당신만의 고민은 아니에요"라고 위로해주고 싶은 딱 그 정도의 오지랖이 생겼다 할까요?

이정도 이야기를 했으니 우선 저의 작지 않은 성과를 말해보려 합니다. 에이! 저게 뭐라고 하실 분들에게는 비선수, 비전공자 출신의 태권도 지도자가 낸 성과라는 점을 다시금 강조합니다.

서른한 살, 처음으로 태권도 학원을 시작하여 7년간 연평균 150명 이상의 원생 수를 유지했습니다. 도장이 있던 지역은 아무런 연고도 없었고, 운영하기 까다롭기로 소문난 지역이었습니다.

3년 전부터 소위 인천의 강남이라 불리는 송도국제도시에서 원생 수 0명을 오픈 1년 만에 100명의 원생으로 만들었습니다. 이 과정에서 학원업계에서 대수롭지 않게 시도되는 선물과 교육비 관련 마케팅이 전혀 없었습니다.

넓은 수련장은 태권도장의 경쟁력에 상당한 영향을 끼치는 요인입니다. 실면적 23.5평, 그중 사무실과 탈의실이 2.5평으로 실 수련장 면적은 21평입니다. 1미터 사이의 옆 건물, 같은 층의 경쟁 도장의 면적은 약 120평입니다.

지역 내 유일하게 성인태권도를 활성화시켰습니다. 3년간 많은 성인이 태권도를 즐겼고, 지금도 블로그와 SNS, 전화를 통한 문의가 끊임이 없습니다.

학원업 종사자에게 큰 스트레스 요인인 공개심사, 발표회같이 소위 학부모에게 보여주는 공개 행사가 없습니다. 제가 한 건, 오픈 1년 6개월 만에 한 7세 수련생들의 공개수련 1시간이 유일합니다.

송도신도시라는 지역 특성상 사교육비가 다른 지역에 비해 높습니다. 태권도장도 예외가 아닙니다. 하지만 3년간의 운영기간 동안 4차례의 수련비를 인상했습니다. 심지어 코로나가 극에 달하던 2020년 3월에도 말이죠.

원래는 이쯤에서 “학부모의 마음을 얻는 최고 중의 최고 방법 사진 운영법을 필두로 한, 이 책이 여러분의 의미 있는 성공에 도움이 되길 바랍니다."라는 문구로 머리말은 마무리되었습니다.

하지만, 누구도 예상 못 한 코로나라는 몹쓸 것이 나타났습니다. 책의 내용도 늘며, 주된 내용을 미리 언급하는 머리말도 길어졌습니다.

제가 학원 원장인데도 자녀를 학원에 보내기가 꺼려지니, 저 역시 큰 피해를 보았습니다. 그럼에도 불구하고 꾸준했던 '학. 마. 법'과 '포스트 코로나 시대 안성맞춤 학. 마. 법' 덕분에, 스스로 생각해도 놀라울 정도로 회복하였습니다. 나아가 코로나 사태 전보다 매출, 순수익, 운영환경 개선 등의 전반적인 면에서 오히려 향상, 발전을 이루었습니다. 물론 이 이야기까지 책에 추가하였습니다.

학원업 종사자로서 받은 것이 너무나 많습니다. 그것들이 오롯이 저에게서 비롯된 것이 아니기에, 저도 나누고 싶었습니다. 블로그나 SNS, 컨설팅, 소규모 강연 등으로 저에게 '학. 마. 법'을 들으신 분들에게서, '관장님의 이야기가 도움이 되었습니다. 감사합니다'라는 따뜻한 말씀을 많이 들었습니다. 그에 힘입어 용기 내 책까지 출간하게 되었네요.

이 책이 메가톤급 악재에 맞서야 하는 나와 당신이 함께 할 수 있는, 학부모의 마음을 얻기 위한 '부모 마음 설명서'가 되길 희망합니다.

차 례

CHAPTER 02

부모 마음 사로잡는 최고의 방법! [사진운영법]

어떻게 찍죠?

CHAPTER 03

핵 인싸 학. 마. 법. [사진운영법]

슬기로운 정리와 활용

CHAPTER 04

슬라임 학. 마. 법.

부드러움, 따뜻함으로 마음 사로잡기

CHAPTER 05

돌덩이 학. 마. 법.

꾸준함과 반복으로 마음 사로잡기

CHAPTER 06

코로나 시대
변화에 대처해서 마음 사로잡기

1장

/

부모 마음 사로잡는 최고의 방법!
[사진운영법]

매일 찍기!

부모 마음 얻기 위해,
오늘도 전 찍습니다.

01

돌쟁이의 맘마 사진 한 장

"여보, 이 사진 좀 봐."

2013년 1월 어느 날 자정쯤 늦은 저녁 식사를 하는 제게 아내가 사진 한 장을 보여주더군요. 갓 돌이 지난 첫째 별이의 사진이었습니다. 사진 속 별이는 친구와 함께 얼굴에 밥풀을 잔뜩 붙이고는 허겁지겁 식사 아니 맘마 중이더군요.

어린이집에서 온 그 맘마 사진이 뭐라고, 눈물이 핑 돕니다. "아니 뭐 애가 밥 먹는 사진 한 장에 울어?" 하실 분도 있겠지만, 부모 마음에 그게 왜 눈물 바람인지 모르겠습니다.

폭풍 같던 어린이집 적응 기간 동안 '별이는 지금 잘 있을까?' 하는 생각이 저희 부부의 머릿속에 떠나질 않았습니다.

어린이집에 어린 자녀를 맡기는 부모 대다수가 이럴 것입니다. 등 · 하원 시 뵙는 원장님과 선생님의 말 한마디에 아이의 적응 정도를 그저 짐작할 뿐입니다. 따라서 짐작만으로는 완전히 마음이 놓이지는 않습니다.

당시 저의 태권도 수련은 저녁 10시가 되어야 종료되었습니다. 차로 5분 거리의 집이지만, 정리 후 바로 갈 수 없었습니다. 이후 한 시간씩 태권도장의 홍보 전단을 돌렸기 때문입니다.

그때 운영하던 태권도장 주변은 연식이 있는 아파트와 연립, 주택들로 이루어져 있었습니다. 연립이나 주택에는 전단을 문에 붙이거나 주차된 차량 와이퍼에 꽂아놓는 방법을 사용했습니다. 아파트는 꼭대기 층까지 올라가서 내려오며, 문 앞에 직접 테이프로 전단을 붙였습니다. 일선 도장에서 많이 사용하는 흔한 전단 홍보 방법입니다.

나중에서야 안 사실이지만, 제가 밤 11시에 일일이 붙인 전단은 새벽에 청소하시는 아주머니께서 일일이 떼어냈다고 합니다. 이런 혼잣말을 하시며 말이죠.

"지×도 이런 지×이 없지! 맨날 이렇게 때서 버리는 걸 왜 맨날 갖다 붙여! 종이만 아깝게. 쯧쯧."

별이가 어린이집을 막 다니기 시작한 지 3개월이나 되었을까요? 전 그 3개월을 밤마다 퇴근길에 전단을 붙이며 다닌 것입니다. 그날도 떼어질 전단인 줄은 까맣게 모른 채 집에 돌아와 늦은 저녁을 먹었던 겁니다. 그런 저에게 아내가 보여준 어린이집 맘마 사진에 저도 모르게 눈물이 핑 돌았던 겁니다.

– 별이 어머니, 별이 잘 놀고 이렇게 맘마까지 잘 먹고 있습니다.~^^ 별이 이제 완전 적응 완료네요.

하단의 메시지가 그제야 보입니다. 그걸 보다가 순간 떠오르더군요. 아내에게 외치듯 말했습니다.

"우리 태권도장 아이들의 수련 모습도 찍어서 보내드리면, 부모님들이 정말 좋아하시겠다!"

그날 이후 밤마다 돌아다니며 전단을 붙이는 일은 관두었습니다. 전단보다 훨씬 좋은 홍보 방법이 있었는데, 그걸 아이의 사진 한 장으로 알게 된 것입니다.

02

너무나 수고하는 당신, 하지만 학부모는 모릅니다

학원업을 잘 모르는 사람들은 이렇게 이야기하곤 합니다.

"잘 가르치기만 하면 되지 않나요?"

이 말이 틀린 말은 아닙니다. 하지만 제자의 실력 외에 다른 것은 없다고 말하는 선생은 아마도 없을 겁니다. 가르치는 과목의 실력만이 전부가 아니라 우리는 그 외에 다른 것도 가르치게 되니까요.

태권도장을 비롯한 유아 혹은 초등학생 어린아이들과 함께하는 지도자들은 매 순간이 긴장의 연속입니다. 수업 내용에 대한 긴장도 있겠지만 안전사고에 대한 긴장, 차량 운행에 관한 긴장 등으로 하루가 갑니다. '이러면 아이가 다치는데…', '그 아이가 오늘 어디서 차량을 탄다고 했지?' 등의 생각이 쉴 새 없이 떠오릅니다.

본격적으로 학원 일과가 시작되면, 사실 맘 편히 물 마실 시간조차 없습니다. 제 경우는 태권도장 차량에 물이 준비되어 있을 정도입니다. 수업 종료 후 바로 이어지는 차량 운행으로 인하여 물 마실 겨를이 없기에, 차량을 운행하는 동안 마시게 됩니다. 또한, 많은 학원 운영자들의 경우 저녁 식사를 포기하거나 일반적인 저녁 식사 시간이 아닌, 모든 일과가 마무리되는 저녁 10시 이후에 식사를 하기도 합니다. 통상적으로 지도자분들은 하루 평균 11시간 정도를 근무합니다.

'밥도 제대로 못 먹고, 하루에 일하는 시간이 이 정도라면 다른 일을 해도 돈을 더 벌 텐데, 관둬야 하나…. 다른 사람들은 나보다 조금 일하고 더 많이 버는 것 같은데….'

지도자 생활을 본격적으로 시작한 지 2, 3년 되던 시점에 이런 생각들이 하루에도 몇 번이나 뇌리를 스쳤습니다. 정말 태권도지도자라는 직업은 소명 의식, 자부심, 제자들에 대한 사랑이 없으면 지속하기 어렵습니다. 태권도지도자 아니 학원업 종사자라면 직업에 대한 자부심이 커야지만 이런 생각에서 벗어날 수 있다는 걸압니다.

학부모가 학원업 종사자의 이런 세세한 부분을 알아주길 바라지는 않습니다. 우리 생활만큼 학부모의 일상도 만만치 않거든요. 저도 학부모라 알 수 있습니다. 그래서 [사진운영법]이 부모의 마음과 학원 운영자의 마음 둘 다 사로잡을 수 있다는 걸 확신했습니다.

제가 [사진운영법]을 이용해서 학부모에게 알리고 싶은 점은 한 가지입니다.

"당신의 자녀를 우리가 이렇게 열심히 지도하고 있습니다."

제대로 식음도 하지 못하고 생활하는 모습을 보여주려는 게 아닙니다. 자녀의 지도를 맡긴 학부모에게 자녀를 열심히 지도하는 모습을 보여주자는 겁니다. 학부모는 우리가 어떻게 자녀를 지도하는지 모릅니다. 물론 발표회나 공개 행사 등을 통해 평상시 지도자가 자녀를 어떻게 지도하는지 유추해 볼 수는 있습니다. 하지만 만약 아이의 학원 생활을 매일 받아보는 학부모라면?

학부모는 너무나 궁금한 자녀의 운동 모습뿐만 아니라, 그 자녀를 지도하는 우리들의 모습까지 같이 보게 됩니다. 그렇기에 지도자도 평상시 허투루 지도할 수 없습니다. 더욱 심혈을 기울여 수업에 임하고, 언행에도 사려 깊게 됩니다.

많은 분이 사진이나 동영상을 학부모에게 보내드리고 있습니다. 하지만 일 년에 한 번 아니 6개월에 한 번, 한 달에 한 번 보낸다면, 이로 인한 학부모의 신뢰 향상을 꾀하기 어렵습니다. 물론 그마저도 안 보내는 것보단 낫다고 생각합니다.

사진이나 동영상을 태권도장에 출석할 때마다 받아보게

된다면, 어떨까요? 게다가 이런 모습을 일주일, 1달, 반년, 1년, 2년... 나아가 그 이상 지속이 된다면 어떨까요?

학부모의 신뢰만큼 우리에게 최고의 무기는 없습니다.

태권도장 운영의 대가 손성도 박사는 그의 저서에서 태권도장 운영에 대해 말합니다.

"태권도장 운영은 고객들(수련생 혹은 학부모)에게 신뢰를 쌓는 일이다!"

– 손성도 저 〈태권도장 경영, 이렇게 하면 성공한다!〉 중 –

03

학부모가 가장 궁금해하는 것은?

학부모가 자녀를 학원에 보내면서 가장 궁금해하는 것이 무엇일까요? 혹시 이 질문을 스스로에게 던져 보지 않았다면, 지금이라도 심사숙고해 보시기 바랍니다. 왜냐하면 학부모는 항상 자녀에 대해 궁금하기 때문입니다.

자녀를 보내는 학부모의 궁금증이 무엇인가 알고, 그것이 원활히 해결되며, 그것에 만족한다면, 홍보 면에서 가장 중요한 구전 홍보가 아주 활발히 이루어질 것입니다. 좋다는 소문으로 자자한 학원이 안 될 리가 없겠죠.

‘우리 애가 잘 적응하나’

‘이제 잘 적응했나?’

‘우리 애가 태권도장 친구들과는 잘 지내나?’

‘요즘도 잘 지내고 있나?’

‘우리 애가 재미있게 지내나?’

‘마지못해 억지로 다니고 있는 건 아닌가?’

‘우리 애가 태권도장에서는 뭘 하지?’

‘우리 애가 실력은 많이 좋아졌나?’

‘관장님, 사범님은 어떤 식으로 가르치실까?’

‘지도자의 지도 시 말투는 어떨까?’

‘수업 분위기는 어떨까?’

‘어떤 아이들하고 같이 운동할까?’

‘줄넘기 운동은 어떻게 진행될까?’

‘품새 수업은 어떻게 진행될까?’

‘겨루기는 많이 다친다던데, 수업은 어떻게 진행될까?’

‘태권도장에서 인성교육도 한다던데, 어떤 인성교육일까?’

‘인성교육은 어떻게 진행될까?’

‘우리 아이가 그렇게 피구를 좋아하던데, 어떻게 하길래 그럴까?’

'태권도 같이 시작한 ○○는 국기원 심사 간다는데, 우리 애는 왜?'

학부모는 수없이 많은 궁금증을 가지고 있습니다.

우리는 의무교육이 아닙니다. 학부모는 우리에게 자녀의 지도를 맡기고, 그 대가로 비용을 내는 고마운 분들입니다. 학부모가 궁금해하는 건 당연합니다. 우리는 그 궁금증을 해결할 의무가 있습니다.

아이들의 성향이 다르듯이, 학부모의 성향 또한 천차만별입니다. 적극적인 학부모는 궁금증이 생기면 그 즉시 혹은 적당한 시기에 직접 문의합니다. 이런 학부모인 경우, 답변도 시원하게 하여 궁금증을 해결하면 구전 홍보 역시 적극적으로 해주십니다.

하지만 거의 모든 학부모는 이렇게 적극적으로 학원에 문의하지 않습니다. 궁금하지만 감사하게도 우리를 믿고 맡겨주거나 바쁜 일상생활 속에 문의할 기회를 놓치기도 합니다. 그렇지만 우리는 이런 학부모에게도 자녀에 대한 궁금증을 해결해 주어야 합니다! 여러 이유로 적극적인 문의를 하지 못하는 학부모라면 우리가 먼저 적극적으로 나서야 합니다. 그렇지 않고 어영부영 넘어간다면, 결과는 원생의 휴원 혹은 교육 중단일 것입니다.

물론 우리는 학부모의 궁금증을 해결하기 위한 다양한 방법을 알고 이를 위해 노력하고 있습니다. 그중 대표적인 것이 '공개 수련', '발표회', '부모 참관 행사' 등의 공개 행사입니다. 저도 '공개 수련'을 즐겨 했습니다. 처음 태권도장을 운영할 땐 2년간 3개월마다 전 학부모를 대상으로 공개 수련을 했습니다.

하지만 [사진운영법]을 본격적으로 시행하고, 시행 기간이 오래될수록 자연스럽게 학부모의 궁금증의 상당수가 해결되었습니다. 그렇다 보니 자연스레 공개 수련 횟수는 줄었고, 결국엔 공개 수련을 예정해도 참가율이 너무 저조하여 행사가 취소되는 일도 벌어졌습니다. 모두 [사진운영법] 하나만으로 학부모의 궁금증은 해결되었던 것입니다.

더불어 지금 우리가 살아가고 있는 이 코로나 시대는 공개 행사, 부모 참관 행사 등을 진행하기가 거의 불가능에 가까운 상태입니다. 이런 코로나 시대에 [사진운영법]은 학부모의 궁금증을 해결할 수 있는 아주 확실한 수단이 될 것입니다.

04

대박이지만, 두 번 못할 공개 행사

어린이집, 유치원, 학교, 태권도장, 합기도장, 검도장, 유도장, 미술학원, 음악학원 등 어린 자녀들이 다니는 수많은 교육기관은 아이들 노력의 결과를 공개하는 행사를 합니다. 진행 방식이나 형태 등에 따라 불리는 이름은 '공개 수련'이나 '공개 심사', '발표회', '전시회', '연주회' 등이 됩니다.

어디서 개최하든, 어떤 방식으로 치르든, 공개 행사를 여는 목적은 무엇일까요? 자녀들의 수업 받는 모습을 왜 학부모에게 공개할까요? 이유는 바로 신뢰를 얻기 위함, 즉 학부모의 마음을 얻기 위함이라 생각합니다.

연세제일태권도 공개수련
AEKWONDO
연세제일태권도

'자녀가 이렇게 열심히 제대로 된 수업을 받고 있습니다.'
'자녀들이 평소 노력하여, 이런 결과를 낳았습니다.'

자녀의 모습을 보았거나 노력의 결과물을 본 학부모는 만족할 것이며, 학원이나 지도자에게 더 큰 신뢰를 보내게 됩니다. 신뢰가 쌓여야 학원이 잘 운영됩니다. 그렇기에 무엇을 교육하든지 반드시 보여야 합니다. 학부모의 알 권리도 있으며 알게 된 사실에 대해 평가할 권리도 있습니다. 그래서 교육에 대한 수업료를 기꺼이 지불하는 것이지요.

제가 운영하는 업종인 태권도장으로 이야기의 범위를 좁혀 보겠습니다. 태권도장 업계에서는 크게 세 가지 공개 행사를 진행합니다.

첫째는 일명 '공개 심사'입니다. 매월이나 격월로 진행되는 승급 심사로 연 1, 2회 학부모에게 공개합니다. 일선 도장에서 가장 많이 시행되며, 가장 선호하는 유형의 공개 행사입니다.

둘째로는 평소 수련 모습을 그대로 공개하는 '공개 수련'이 있습니다. 대중 앞에서 지도자의 진행 능력이 공개 심사보다 많이 요구됩니다. 그래서인지 공개 심사보다는 선호도가 낮지만, 자녀의 활동 모습을 최대한 많이 보고 싶어 하는 학부모 입장에서는 호응도나 선호도가 높습니다.

마지막 유형으로는 '발표회'가 있는데, 6개월이나 1년마다 발표회를 여는 태권도장이 있습니다. 발표회는 수련생과 지도자 모두 상당한 수고와 노력을 요구합니다. 말 그대로 청중 앞에서 실력을 뽐내는 발표회인지라 소요되는 수고와 노력이 상당하지만, 그에 맞는 호응도 역시 최고입니다.

공개 심사, 공개 수련, 발표회 그 무엇이든지 학부모에게 보이고 평가받는 행사들은 우리 학원업 종사자에겐 큰 부담으로 다가옵니다. 일례로 제 지인 중에는 도장을 운영하며 겪는 어려움 중 공개 행사에 대한 부담감이 가장 크다며, 결국 이 때문에 태권도 지도자의 길을 접기도 했습니다.

이렇듯 공개 행사는 지도자에게는 심적, 체력적, 물적 등의 부담감으로 작용합니다. 하지만 긍정적 효과를 무시할 수 없기에, 학부모의 신뢰를 가장 확실하게 얻는 방법이므로 결코 무시할 수 없습니다. 또한, 자녀의 지도를 맡긴 학부모의 알 권리를 위해서라도 피할 수 없는 행사입니다.

송도 하늘 태권도장은 3년 전 신설한 태권도장임에도 공개 행사를 하지 않고 있습니다. 단 한 번 공개 행사를 한 적은 있습니다. 저에게 친분이 있는 한 원장님께서 조심스럽게 아래와 같은 조언을 해주신 적이 있습니다.

"관장님이 매일같이 수련 모습의 사진이나 동영상을 보내드려도, 두 눈으로 직접 보고 싶어 하실 부모님은 분명히 계실 겁니다."

오픈한 지 1년 6개월 정도 지난 시점이라 한창 [사진운영법]이 잘 시행되고 있었습니다. 하지만 그 관장님의 금 같은 조언도 결코 흘려들을 말은 아니었습니다. 조언을 받고 심사숙고 후, 가장 참여도나 관심도가 높은 취학 전 유아들을 대상으로 공개 수련을 하기로 했습니다. 당연히 반응은 좋았습니다. 그럼에도 불구하고 저와 지인 원장님의 결론은, '사진운영법만으로도 충분하다.'였습니다. [사진운영법]이라면 사실 매일이 공개 행사나 다름없으니까요.

05

매일 매일 공개 행사

공개 행사가 없는 송도 하늘 태권도장. 과연 학부모들은 자녀의 태권도 생활에 관해 궁금증이 없을까요?

제가 태권도장을 운영하는 곳은 '인천의 강남'이라고 불리는 송도국제도시입니다. 그렇게 불리는 가장 큰 이유는 바로 '교육열' 때문입니다. 이곳에서 [사진운영법]이 통했다는 건, 지역을 막론하고 모두 가능하다는 이야기입니다. 우리나라의 교육열은 세계 최고 수준입니다. 그중에서도 강남이 으뜸이고, 송도국제도시는 강남 못지않으니까요.

운영법은 단순합니다. 수련생이 주 5회 수련생이면 주 5회 수련 모습을 받아보고, 주 3회 수련생이면 주 3회 받아보는 겁니다. 한두 장의 수련 모습이 아닌, 여러 개의 사진과 동영상을 받아 봅니다.

학부모는 자녀의 생활에 대해 궁금한 게 참으로 많습니다. 그 궁금증을 해소하기 위해, 시간을 쪼개어 공개 수련이나 공개 심사 혹은 발표회에 참여합니다. 하지만 송도 하늘 태권도장은 공개 행사가 없다고 했지요. 대신 우리 학부모들은 자녀가 운동할 때마다 10여 장의 사진과 동영상을 받습니다. 그것도 단기간이 아닌, 자녀가 운동을 지속하는 동안 끊임없이 말이죠. 태권도장이 3년 전에 신설되었으니, 첫 수련부터 함께한 학부모는 3년 동안 자녀가 태권도장을 올 때마다 받아 본 셈입니다.

이를 통해,

'자녀가 재미있게 태권도 수련을 하는지.'
'본인의 의지로 하는 것인지.'

2019년 10월 30일 수요일

2019년 11월 1일 금요일
2.93 MB
2.93 MB
3.37 MB

2019. 11. 01. 금
3.18 MB
1.49 MB

2019. 11. 01. 금
2.83 MB
후 2:19
3.28 MB
3.53 MB

'어떤 수업을 받는지.'

'어떻게 수업을 받는지.'

'같이 운동하는 친구들은 누군지.'

'다른 친구와 비하면 내 자녀의 태도나 실력 등이 어떤지.'

'내 자녀보다 더 오랜 기간 수련한 친구들은 어떤지.'

'지도진의 말투, 표정, 행동 등은 어떤지.'

'그 사범님은 수업 시 어떤지.'

'인성교육은 어떻게 하는지.'

'이번 주 인성교육은 어떤 주제인지.'

거의 모든 답이 매일 받는 사진과 동영상에 들어있습니다. 그래서 우리 태권도장은 매일매일이 공개 수련인 셈입니다. 자녀가 다니기 싫다고 하기 전까지 태권도장을 보내지 않을 이유는 없습니다.

학부모의 신뢰를 얻기 위해서 하는 큰 수고의 공개 수련, 공개 심사, 발표회 같은 행사 없이도 안정적으로 학부모의 신뢰를 쌓으며 학원을 운영할 수 있습니다. '모이지 마라!'는 행동 양식이 기본인 코로나 시대에도, 학부모의 궁금증을 해결해 드릴 수 있습니다. 학부모의 마음을 팍팍! 얻을 수 있습니다!

코로나 시대에 [사진운영법]은 여러 선택지 중 하나가 아니라, 필수를 넘어선 기본입니다.

06

사진운영법

2017년 6월 19일 첫 운동 모습을 보낸 뒤로 지금까지도 촬영을 이어오고 있습니다. 간단한 편집을 마친 10여 장의 사진과 동영상이 학부모에게 전달됩니다.

학부모들은 상담만으로 등록을 결정하지만, 학원을 꾸준히 보내야 하는 이유도 있어야 합니다. 그 이유를 가치라고 할 수 있겠네요. 꾸준히 보낼만한 가치가 없다면 굳이 태권도장에 보낼 필요가 없는 것입니다. 저는 그 가치 혹은 이유를 수련생의 수련 모습이 담긴 사진과 동영상으로 설명한 것입니다.

학부모들에게 보내는 사진의 모습은 꾸밈없는, 자연스러운 평상시 수련 모습입니다. 여기에는 학부모가 궁금해하는 모든 것들이 담겨있습니다.

지금의 송도 하늘 태권도장을 운영하기 전, 7년간 운영했던 곳은 20년 역사의 태권도장이었습니다. 그곳을 인수한 지 한 달 만에 유치원부터 중학생까지 전 수련생을 대상으로 공개 수련을 하였습니다. 태권도장의 운영자나 지도자가 바뀌는 상황을 대부분 학부모는 탐탁지 않아 합니다. 여느 학원들이 그렇듯 운영자가 바뀌는 상황은 학부모 입장에서 매우 걱정스러운 일입니다. 특히 어린 아이들이 주된 교육생이라면 '가르침teaching' 못지않게 염려되는 부분이 바로 '돌봄care' 입니다.

운영자가 바뀌었다면, 원생이나 학부모는 새로운 운영자의 운영 및 지도 방침을 알 권리가 있으며, 새로운 운영자는 그것들을 알려드릴 의무도 있습니다.

학원을 인수하고 한 달이면 전 원생의 이름을 다 외우게 됩니다. 원생 역시 새로운 지도자에 대해 충분히 알게 됩니다. 새로운 원장은 이 시간 동안 충분히 자신의 운영 및 지도 방침을 원생들에게 설명할 수 있고, 실제로 접목하는 기간이기도 합니다.

학부모 역시 자녀의 이야기를 듣고, 자신의 판단을 통해 새로운 운영자를 파악하고자 합니다. 운영자나 지도자가 바뀌는 건 탐탁지 않지만 '어디 한번 보자'란 생각으로 우선 보내게 됩니다.

저는 이런 원생과 학부모의 지켜보기 시간으로 '한 달'이 가장 적절하다고 생각합니다. 그 기간 동안 '저는 이런 사람입니다. 앞으로 이렇게 운영하고, 이렇게 지도하겠습니다. 그러니 믿고 자녀를 꾸준히 맡겨주세요.'라고 알려야 합니다.

이렇게 태권도장의 첫 공개 수련이 시작되었고, 수련 일정은 3개월에 한 번씩 토요일 오전, 오후, 저녁 총 3회 진행이었습니다. 이 공개 수련을 2년간 지속하였습니다.

사실 공개 수련을 하고 나면 녹초가 됩니다. 게다가 행사를 진행하기 몇 개월 전부터의 정신적 스트레스도 만만치 않지요. 공개 수련의 횟수, 기간이 늘어날 때마다 수련 내용에 대한 부담감은 날로 늘어나고, 기대만큼 반응이나 참관율이 저조하면, '괜히 했나'라는 생각이 들기도 했습니다. 물론 하고 나면 그 뿌듯함과 벅참이 있지만, 그 감정만으로 공개 수련을 유지하기란 현실적으로 쉽지 않았습니다. [사진운영법]을 진작 알았더라면, 저는 이렇게까지 무식하게 공개 수련을 위해 매달리지 않았을 것입니다.

[사진운영법]은 저의 큰 아이 어린이집 식사 장면 사진 한 장에서 출발했습니다. '아이들의 운동 모습을 학부모가 본다면 얼마나 좋아할까'라는 지극히 개인적인 생각에서 시작된 이 방법은 참으로 긍정적인 효과를 가져왔습니다.

그중 대표적인 것이 공개 행사에 대한 부담감 감소입니다. 게다가 이제는 코로나로 인해 공개 수련을 하고 싶어도 못하는 상황이 되어버렸습니다.

[사진운영법]에 대해 확신을 가지게 된 것도 바로 공개 행사입니다. 신설 후 공개 행사가 없었기도 했고, 아무리 [사진운영법]으로 학부모의 궁금증을 해결한다 해도, 분명히 참관

을 원하는 학부모가 있을 거란 생각이 든 것입니다. 3년 만에 전 수련생을 대상으로 공개 수련을 준비했고, 만약 예상과 달리 호응이 높다면 향후 매달 공개 행사를 하겠다고 마음도 먹었습니다.

하지만 첫 공개 수련 참여 대상 수련생, 초등 4, 5, 6 학년 중 참관을 희망한 가정이 25%밖에 되지 않았습니다. 그다음 달로 계획한 초등 3학년의 공개 수련 역시 희망 참여율이 저조했습니다. 결국, 참여율 저조로 취소할 수밖에 없었습니다.

물론 희망하는 소수의 가정을 위해서라도 충분히 가치 있는 공개 수련이었을 것입니다. 하지만 대부분의 아이들이 불참하고 본인과 몇 명의 친구들만으로 진행한다면 아이들은 기대만큼이나 긴장도도 높아집니다.

학부모의 미 참관 사유는 여러 가지입니다. 당장 공개 행사의 대상 학년이 상대적으로 아이 활동에 대한 관심도가 조금 떨어지는 고학년이라는 점도 들 수 있습니다.

그리고 많은 학부모가 자녀의 태권도 동영상과 사진만으로도 충분했다고 말해주셨습니다. 꾸준한 사진과 동영상의

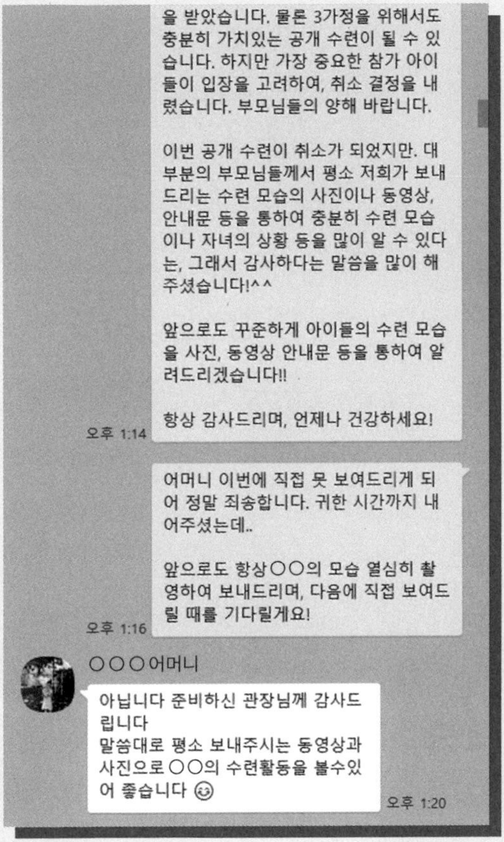
을 받았습니다. 물론 3가정을 위해서도 충분히 가치있는 공개 수련이 될 수 있습니다. 하지만 가장 중요한 참가 아이들이 입장을 고려하여, 취소 결정을 내렸습니다. 부모님들의 양해 바랍니다.
이번 공개 수련이 취소가 되었지만. 대부분의 부모님들께서 평소 저희가 보내드리는 수련 모습의 사진이나 동영상, 안내문 등을 통하여 충분히 수련 모습이나 자녀의 상황 등을 많이 알 수 있다는, 그래서 감사하다는 말씀을 많이 해주셨습니다!^^
앞으로도 꾸준하게 아이들의 수련 모습을 사진, 동영상 안내문 등을 통하여 알려드리겠습니다!!
항상 감사드리며, 언제나 건강하세요!
오후 1:14
어머니 이번에 직접 못 보여드리게 되어 정말 죄송합니다. 귀한 시간까지 내어주셨는데..
앞으로도 항상○○의 모습 열심히 촬영하여 보내드리며, 다음에 직접 보여드릴 때를 기다릴게요!
오후 1:16
○○○어머니
아닙니다 준비하신 관장님께 감사드립니다
말씀대로 평소 보내주시는 동영상과 사진으로 ○○의 수련활동을 볼수있어 좋습니다
오후 1:20

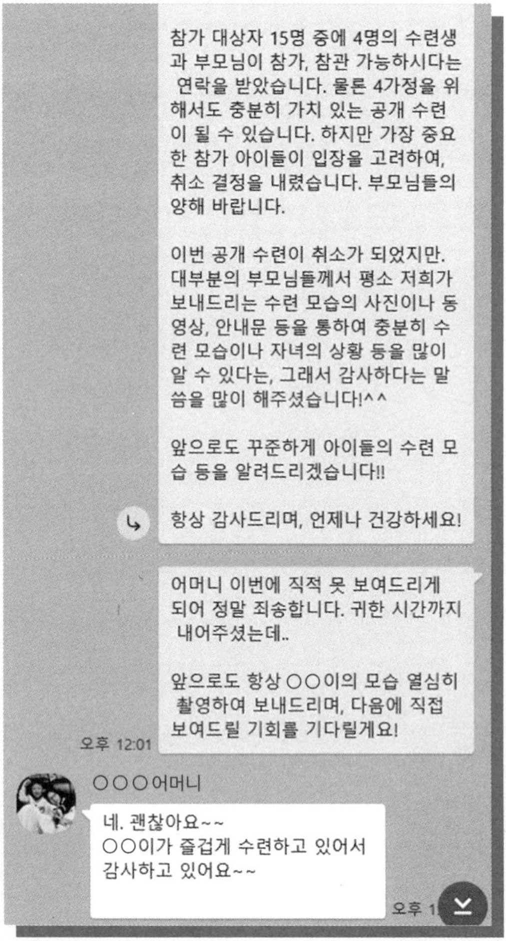
참가 대상자 15명 중에 4명의 수련생 과 부모님이 참가, 참관 가능하시다는 연락을 받았습니다. 물론 4가정을 위해서도 충분히 가치 있는 공개 수련이 될 수 있습니다. 하지만 가장 중요한 참가 아이들이 입장을 고려하여, 취소 결정을 내렸습니다. 부모님들의 양해 바랍니다.
이번 공개 수련이 취소가 되었지만. 대부분의 부모님들께서 평소 저희가 보내드리는 수련 모습의 사진이나 동영상, 안내문 등을 통하여 충분히 수련 모습이나 자녀의 상황 등을 많이 알 수 있다는, 그래서 감사하다는 말씀을 많이 해주셨습니다!^^
앞으로도 꾸준하게 아이들의 수련 모습 등을 알려드리겠습니다!!
항상 감사드리며, 언제나 건강하세요!
어머니 이번에 직적 못 보여드리게 되어 정말 죄송합니다. 귀한 시간까지 내어주셨는데..
앞으로도 항상 ○○이의 모습 열심히 촬영하여 보내드리며, 다음에 직접 보여드릴 기회를 기다릴게요!
오후 12:01
○○○어머니
네. 괜찮아요~~
○○이가 즐겁게 수련하고 있어서 감사하고 있어요~~
오후 1

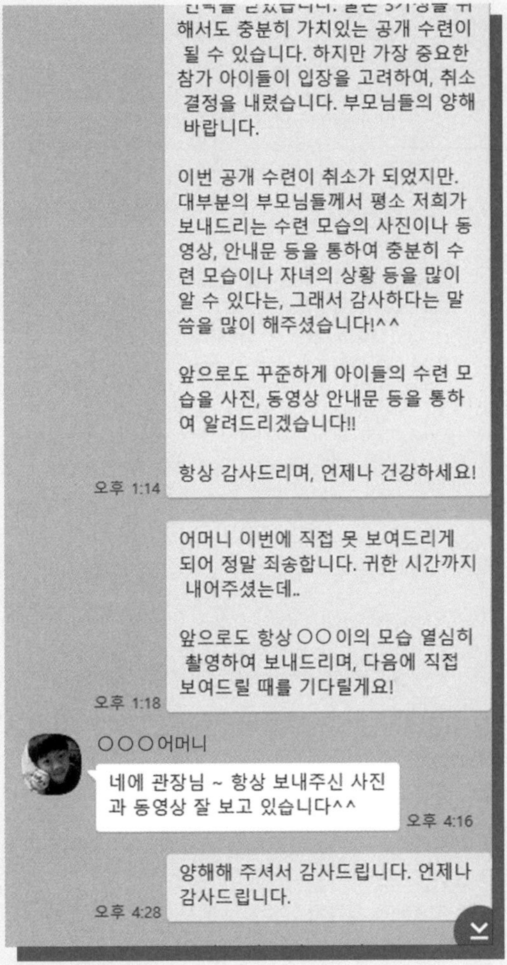
해서도 충분히 가치있는 공개 수련이 될 수 있습니다. 하지만 가장 중요한 참가 아이들이 입장을 고려하여, 취소 결정을 내렸습니다. 부모님들의 양해 바랍니다.
이번 공개 수련이 취소가 되었지만. 대부분의 부모님들께서 평소 저희가 보내드리는 수련 모습의 사진이나 동영상, 안내문 등을 통하여 충분히 수련 모습이나 자녀의 상황 등을 많이 알 수 있다는, 그래서 감사하다는 말씀을 많이 해주셨습니다!^^
앞으로도 꾸준하게 아이들의 수련 모습을 사진, 동영상 안내문 등을 통하여 알려드리겠습니다!!
항상 감사드리며, 언제나 건강하세요!
오후 1:14
어머니 이번에 직접 못 보여드리게 되어 정말 죄송합니다. 귀한 시간까지 내어주셨는데..
앞으로도 항상 ○○이의 모습 열심히 촬영하여 보내드리며, 다음에 직접 보여드릴 때를 기다릴게요!
오후 1:18
○○○어머니
네에 관장님 ~ 항상 보내주신 사진과 동영상 잘 보고 있습니다^^
오후 4:16
양해해 주셔서 감사드립니다. 언제나 감사드립니다.
오후 4:28

가정을 위해서도 충분히 가치있는 공개 수련이 될 수 있습니다. 하지만 가장 중요한 참가 아이들이 입장을 고려하여, 취소 결정을 내렸습니다. 부모님들의 양해 바랍니다. 방학을 맞이하여 준비한 가족 여행, 요즘 유행하는 독감(ㅜㅡ), 약 1년 전 실시한 대상 아이들(당시 7세)의 공개 수련 경험이 부득이하게 공개 수련에 불참하게끔 하는 요인이네요.

이번 공개 수련이 취소가 되었지만. 대부분의 부모님들께서 평소 저희가 보내드리는 수련 모습의 사진이나 동영상, 안내문 등을 통하여 충분히 수련 모습이나 자녀의 상황 등을 많이 알 수 있다는, 그래서 감사하다는 말씀을 많이 해주셨습니다!^^

앞으로도 꾸준하게 아이들의 수련 모습을 사진, 동영상 안내문 등을 통하여 알려드리겠습니다!! ...

전체보기 >

어머니 이번에 직접 못 보여드리게 되어 정말 죄송합니다. 귀한 시간까지 내어주셨는데..

앞으로도 항상 ○○의 모습 열심히 촬영하여 보내드리며, 다음에 직접 보여드릴 때를 기다릴게요!

오후 7:37

○○○어머니

관장님 이리 문자까지 주시고 고맙습니다

업로드로 공개 수련의 목적을 이미 달성한 것입니다.

행사 취소를 알렸고, 그에 더해 참관 의사를 밝혔던 학부모들께는 더욱 감사의 말을 전했습니다.

이후 한 번 더 2학년 대상으로 공개 수련을 계획했고, 18명의 대상자 중 11명이 참여하여 잘 마쳤습니다. 성황리에 마쳤던 이 공개 수련. 1학년을 대상으로 다시 열렸을까요? 1학년 공개 수련은 고학년과 같은 이유로 열리지 못했습니다.

태권도장 신설 후 3년 만에 처음 계획한 공개 수련이었지만, 취소되었던 이유의 대부분은, 매일 보낸 사진과 동영상 때문입니다. 공개 행사를 하지 않아도 매일 공개 행사를 한 것 같은 효과를 얻을 수 있는 바로 [사진운영법]의 위력입니다.

07

핵심은 꾸준히

"진부하다고 할 수 있을 만큼 오랫동안 지속되는 모든 것들에는 진실한 요소가 내재되어 있다."

-어빙 벌린-

학원 운영을 처음부터 1, 2년 단기로 해야 겠다 생각하고 운영하는 원장님은 별로 없을 것입니다. 어쩔 수 없는 이유로 단기 운영을 하는 원장님도 있겠지만 대부분 오랜 기간 원의 장기발전을 계획하며 운영합니다.

저 역시 2011년부터 운영한 첫 태권도장을 7년간 일구어 갔고, 지금의 도장 운영 기간도 앞선 7년 이상으로 운영하고 유지하고 싶습니다. 그러기 위해 여러 가지 필요충분조건이 필요하겠지만, 가장으로서 가장 중요한 부분은 바로 수익입니다. 운영자가 먹고 살 수 있는 바로 그 수익입니다.

하지만 출산율이 현격히 떨어지는 이 시점에 학원의 수가 늘어날 수 없습니다. 학원업은 사양 산업이라고 대놓고 말하는 사람도 주변에 많습니다. 게다가 코로나는 이 상황에 기름을 통으로 부은 격이나 다름없습니다.

이 어려운 상황에서 꾸준함이 전제된 [사진운영법]이 태권도장 더 나아가 학원 업계 전반에 도움이 될 거라고 확신합니다.

[사진운영법]을 처음 시행하면, 학부모의 반응에 깜짝 놀라실 겁니다. 너무나 좋아하십니다. 생각해 보세요. 아이를 학원에 보냈는데, 그날 혹은 그 이튿날 아이의 모습이 사진과 동영상으로 마치, 시간 내내 참관한 것 같은 생각이 들도록 전송되면 기분이 어떠할까요?

학부모는 사진이나 동영상 속 자녀의 모습에 기뻐하고, 모습이 담긴 동영상을 손주 혹은 조카의 모습을 보고 싶어 하는 다른 가족들에게도 전송할 수 있습니다. 아이들의 성장에 가족들은 기쁘고, 그걸 보내준 원장님께도 고마운 마음을 전합니다. 그런데 그게 단 한 번이 아닌 그 다음날도, 일주일, 한 달, 일 년…, 꾸준히 전송된다면? 어느덧 관장님의 꾸준함, 성실함에 대한 감탄으로 바뀔 것입니다.

얼마 전 개척교회 목사님을 뵈었습니다. 9년 전 교회를 개척할 당시 성도가 1명이었고, 교회 부흥을 위해 거리에서 전단을 나누어주었다 합니다. 그 동네는 지형이 마치 섬 같아서 동네 출입을 위한 길이 단 하나였고, 당연히 유동인구가 많았습니다. 출퇴근길 오직 그 길을 거쳐야만 하는 곳. 그곳에서 전단을 들고 오전 7~8시, 오후 7~8시 하루 2번씩 같은 지점에 서서 행인에게 나누어 준 것입니다.

"시작할 즈음에는 모든 이가 피하고 받지 않았습니다. 받더라도 바로 버렸고, 몇몇 사람들은 차마 버리지 못해 다시 돌려주러 오기도 했습니다. 그 생활을 매일 했네요. 어느덧 많은 성도가 모여 예전처럼 쓸쓸이 예배드리지 않지만, 그래도 계속 하고 있습니다. 물론 너무 오래 꾸준히 하다 보니 이제는 새로 이사 온 분 빼고는 받지도 않으세요. 우리 교회에서 새로 믿음 생활을 하신 분들 중 그 이유로 이 꾸준한 전단 전도를 이야기합니다. '이렇게 매일 나오는 걸 보면 적어도 사이비는 아니겠구나.' 했다네요. 물론 처음에는 아침부터 재수 없다며 심한 욕설과 함께 앞에서 찢거나 구기는 분들도 계셨어요. 하지만 너무 오래 만나다 보니, 이제는 그분들도 지나다 저와 인사를 나누고, 심지어 교회 가게 되면 우리 교회로 오겠다는 말도 하시네요. 제가 돌린 시간이 9년이었기에 가능한 일입니다."

꾸준함으로 많은 성과를 낸 우리 시대 성공자들은 이렇게 말합니다. 끈기야말로 둔재가 천재를 뛰어넘게 하는 유일한 방법이라고요.

처음 운영했던 태권도장에서는 본격적으로 [사진운영법]을 시행하고, 5년여의 시간 동안 매일같이 수련 모습을 보내드렸습니다. 2017년 지금의 태권도장을 신설해서도 지금까지 이어지고 있으니, 이른바 '오픈멤버' 학부모의 경우, 3년 동안 자녀의 운동 모습을 받아 본 셈입니다. 3년의 시간 동안 신나게 운동하며 친구들과 어울리는 모습이 들어있으니, 아이의 입에서 "태권도장 그만 다니고 싶어요."란 말이 나오기 전에 굳이 바꾸거나 그만두는 일은 없더군요.

학원 운영을 일정 기간 해본 원장님들은 알고 있습니다. 잘되는 학원이 되기 위해서는 신규 아이들도 소중하지만, 재원 기간을 늘리는 것이 훨씬 효과적이라는 사실을요.

저 같은 태권도 비(非)선수, 비(非)전공자 출신 '둔재' 태권도 관장도 태권도장을 활성시키고, 심지어 수련생의 수련 기간도 늘려준 [사진운영법]은 제 최고의 학.마.법(학부모의 마음을 얻는 방법)입니다.

즐거운 마음과 사명감으로 시작한 학원 일이지만, 코로나라는 예상치 못한 악재로 절망에 빠진 분들께, 이 [사진운영법]이 코로나 시대를 헤쳐 나갈 도구가 되길 바랍니다.

다음 장부터는 본격적으로 [사진운영법]을 활용하는 기술에 대해 알아보겠습니다.

2장

/

부모 마음 사로잡는 최고의 방법!
[사진운영법]

어떻게 찍죠?

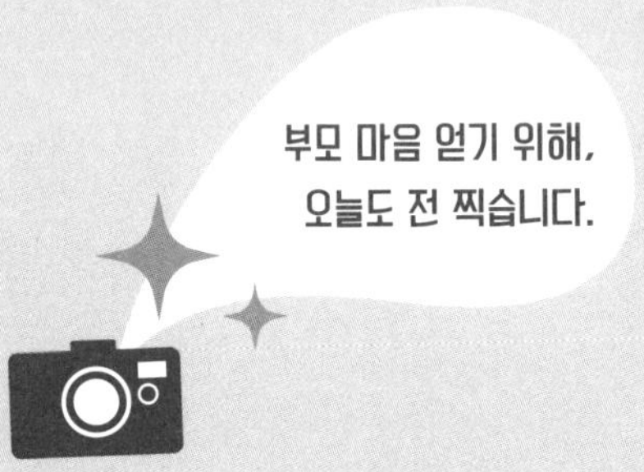
부모 마음 얻기 위해,
오늘도 전 찍습니다.

01

일단 찍으세요

"어떻게 찍죠?"

이 질문의 답은 "일단 찍으세요."입니다.

어쨌든 여러 방법으로 활용할 사진, 동영상이 있어야 합니다. 하지만 사진운영법에 공감하고 수긍하는 원장님이라도 당장 시작하기란 쉽지 않습니다.

"지도해야지 언제 찍고 있어요?"

"저 혼자 수업하느라 찍을 수가 없어요."

"사범님과 같이 지도는 하는데, 우리 둘 다 너무 바빠요."

"촬영만 하려 하면 저도 아이들도 수업집중력이 떨어지는 게 보여요."

"촬영 장비가 제대로 갖춰지지 않아서 시작하기 그래요."

저 역시 수업 시간 내내 촬영만 하고 있지 않습니다. 많은 지도자가 그렇겠지만, 항상 저녁이면 목이 쉴 정도로 열정과 성의를 다해서 지도하지요.

더구나 저는 비(非)선수, 비(非)전공자 출신이기에 '가르친다'는 생각보다는 '같이한다'는 생각으로 임하고 있습니다. 같이 하기에 사실 사진, 동영상을 찍을 겨를이 거의 없다고 봐야겠죠.

지금이야 수업 시 2, 3명의 지도자가 함께하지만, 저 역시 혼자서 수업을 도맡아 진행했던 시절이 있었습니다. 요즘도 혼자 수업을 진행해야 하는 시간이 종종 생깁니다. 그렇다고 촬영을 못 하지 않으며, 예전에 혼자 하던 시절에도 촬영을 쉬지 않았습니다.

태권도 수업은 몇 명의 지도자가 함께해도 모두 바쁩니다. 가만히 있으려고 투입된 지도자는 없습니다. 하지만 아무리 분주하게 돌아가는 수업이라도 촬영에 필요한 시간은 몇 초에 불과합니다. 꾸준한 시행으로 경험이 쌓이면 그 시간은 더욱 단축되겠지요.

혼자서 지도할 때는 지도 중간에 "잠깐!"을 외치는 것도 방법입니다.

이때 상황에 따라 카메라의 응시 여부를 정합니다. 수련의 자연스러움을 강조하고 싶으면 카메라를 보지 않도록 하는 것이 효과적입니다. 즐겁게 수련하는 모습을 표현하고 싶으면 카메라를 보며 웃음을 유도하면 좋습니다.

입으로는 지도를, 손으로는 촬영하는 방법도 있습니다.

품새를 지도하며 중간에 동작을 멈추게 하고 사진을 찍거나, 품새를 시연하는 그 모습을 동영상 촬영해도 됩니다.

최근에는 수업 시 1명의 사범님이 촬영을 전담하고 있습니다. 그 사범님은 70% 정도의 비율로 촬영을 하고, 나머지 30% 정도는 메인 지도자를 보조하는 역할을 합니다.

이렇게 제가 아닌 사람이 촬영하면 다른 관점의 사진, 동영상이 촬영됩니다. 매일 사진이나 동영상을 받아보는 학부모도 다른 관점의 모습을 보게 되는 것입니다. 열심히 지도하는 제 모습이 나오기도 하고요.

사실 저도 사진 찍히는 걸 즐기는 편은 아닙니다. 아이들 역시 사춘기 시절에는 사진기만 들이대면 인상을 쓰고 시선을 회피하죠. 아예 고개를 푹 숙여서 전설의 고향을 찍는 아이들도 있습니다. 사실 촬영 거부까지는 아니더라도, 촬영하는 행위 자체가 진지한 수련 분위기를 깨트릴 수 있습니다. 하지만 꾸준히 하다 보면, 촬영하는 일도 일상이 되어 의식하지 않습니다.

안 되는 이유를 찾으려면 한도 끝도 없습니다. 그러지 말고 일단 찍으십시오. 일단 찍기 시작하면 방법이 나옵니다.

"사람들은 흔히 내일, 내일 하고들 있지만, 이 내일이라는 것은 영원히 이어지는 것이므로, 오늘 하지 않으면 아무것도 못 한다."

– 카네기 –

02

/

좋은 디카나 DSLR이 없어요

사진을 찍어서 학부모에게 보내드리라고 하면, 프로필 사진 같은 멋진 사진을 생각합니다. 그리고 그런 사진을 찍을 수 있는 DSLR이나 좋은 디지털카메라가 없다고 말합니다.

간혹 멋지게 자세를 잡아주고 프로필 사진 같은 사진도 찍어 보내면 좋지요. 그 사진이 지인에게 자랑용으로 쓰이거나, SNS에 업로드되거나, 카카오톡 프로필 사진이라도 된다면 금상첨화겠죠? 하지만 이런 것을 의도하고 찍게 되면, 사진을 아예 찍을 수 없거나 안 찍게 됩니다.

꾸준함이 [사진운영법]의 핵심이다 보니, 우리가 먼저 생각할 것이 바로 '너무 잘하려고 하지 말자'입니다. 전문가 수준의 구도와 색감, 대형인화를 해도 모자라지 않은 화질, 편집된 깔끔한 동영상을 고집하지 말자는 말입니다.

저는 [사진운영법]으로 많은 학부모에게 신뢰를 얻으며 태권도장을 성공적으로 운영하고 있습니다. 사진운영법의 핵심은 사진과 동영상의 질이 아니라, 몇 년동안 쉬지 않고 꾸준히 하는 것입니다. 너무 잘하려거나 혹은 완벽을 추구했다면 꾸준히 하기 어려웠을 것입니다.

로버트 포즌 저서 〈그는 어떻게 그 모든 일을 해내는가?〉에서 좋아하는 구절이 있습니다. 저자는 워낙 엄청난 생산력으로 유명한 사람으로, 그 사람에게 생산력의 핵심 비결을 많이 묻는다고 합니다. 그리고 대답은 바로 "너무 잘하려 하지 마라!"입니다.

흥미롭게도 훌륭함을 추구하지 않았지만, 꾸준한 경험이 어느덧 익숙함 속에 훌륭함으로 변하더군요. 완벽함을 추구하지 않지만, 시간을 통해 어느새 완벽해지는 것. 꾸준함이 놀라움으로 변하는 순간이지요.

당신의 바로 옆자리, 혹은 주머니 어딘가에 스마트폰이 있을 겁니다. 예전처럼 카메라와 핸드폰의 기능이 철저히 분리된 시절도 아니고, 지금은 별것이 다 된다는 스마트폰 시대입니다.

2012년 본격적으로 [사진운영법]을 시작할 때, 사용한 것은 10만 원대 후반의 디지털카메라였습니다. 2010년 아내의 지인이 사준 결혼선물로 당시에는 획기적인 200만 화소였습니다. 전문가가 아니기에 흔들림을 막기 위해, 카메라를 스포츠 모드로 해두고는 열심히 찍었습니다. 그렇게 3년을 하루에 1천 장씩 찍다 보니 소위 '디카'가 맛이 가기 시작합니다. 처음에는 SD카드 덮개가 떨어져 스카치테이프로 고정을 했고, 그다음에는 전원 버튼이 고장 나, 켤 때마다 이쑤시개로 눌러줬습니다. 뭐 이런 건 어떻게든 고쳐 쓰겠는데, 촬영 버튼이 고장 나니 이젠 사용할 수 없더라고요. 서비스센터 수리기사님이 수리비가 새 제품 가격보다 더 나온다고 했습니다.

3년을 함께 한 디지털카메라가 망가지고 난 뒤, 제가 지닌 스마트폰을 사용하기 시작했습니다. 이미 2대의 스마트폰을 사용 중이었는데, 하나는 태권도장 전용이고 다른 하나는 제 개인적 용도의 스마트폰이었습니다. 그때는 몰랐는데 그사이 워낙 기술이 좋아져서 스마트폰 촬영이 골동품 디지털카메라보다 훨씬 잘 찍히더군요. 게다가 스마트폰으로 찍으니 생각지도 못했던 좋은 점이 한두 개가 아니었습니다.

[사진운영법]의 전반적인 작업은 PC를 이용하지만, 스마트폰 자체로도 간단한 작업은 가능해졌습니다. 그동안은 PC에서 어도비 포토샵으로 해왔던 작업을, 앱을 통해 사진과 동영상 편집이 수월해졌고, 촬영된 사진은 운영하는 SNS 사이트에 바로 업로드 했습니다.

그렇게 디지털 카메라를 대신해왔던 제 폰도 이젠 5년이 넘어갑니다. 그래도 여전히 촬영에 지장이 없습니다. 앞으로도 새 제품보다 수리비가 더 나온다는 소리를 들을 때까지 사용할 계획입니다.

좋은 기종의 카메라가 없어서 촬영 못 한다는 분이 계신다면, "5년 된 갤럭시6 엣지로 촬영하는 사람도 있습니다."라고 말하고 싶네요. 좋은 기종이 중요한 게 아니라, 오늘 당장 시작해서 꾸준하게 유지하는 것이 먼저입니다.

03

단체 사진 위주로 찍으세요

본격적으로 [사진운영법]을 시행했을 때는 하루에 촬영하는 사진, 동영상의 수가 너무 많았습니다. 1,000장은 기본이었지요. 요령도 없기에 편집과 전송하는 시간이 너무 많이 걸렸습니다. 지금 생각하면 정말 개념 없는 행동인데, 저녁 11시가 넘은 아주 늦은 시각에 사진, 동영상을 보내드릴 때도 있었습니다. 초반에는 '그날 찍은 사진, 동영상은 무조건 당일에 보내드려야 한다.'는 쓸데없는 생각에 사로잡혀 강행한 것이지요.

사실 편집을 하다 보면 프레임 안의 아이들이 너무 예쁘기도 하고 기특해서 '어서 부모님께 보내야지.'라는 생각으로 가득합니다. 받아보고 기뻐할 가족들의 모습을 상상하면서요. 하지만 이 작업을 하루 이틀 할 것이 아니고, 매일 밤마다 3시간씩 PC에 매달려 있을 수 없는 노릇이지요. 결국, 가장 중요한 건 편집에 있어 시간 단축입니다. 그러다 보니 단체 사진과 동영상 위주의 촬영으로 가닥이 잡히더군요.

만약 20명의 아이와 수업을 할 경우, 단독 사진으로 보내면 아무리 적게 촬영한다 해도 최소 2장으로 40장 이상을 찍게 되겠죠? 40장 이상의 사진들을 편집하고 전송하는데 최소 10분 정도의 시간이 소요될 것입니다.

하지만, 20명 모두 나오도록 촬영하거나 5, 6명씩 나오게 단체로 촬영한다면 이야기는 달라집니다. 편집할 사진 자체의 개수가 적기에, 편집 전송하는데 걸리는 시간은 현저히 줄어듭니다.

독사진이나 동영상은 학부모 본인 자녀의 모습만을 보게 되지만, 단체 사진, 동영상을 보내면,

'아, 이 아이들과 같이 운동하는구나.'

'다른 아이들은 띠 색이 다르네, 우리 아이가 열심히 운동하면 저렇게 띠가 올라가는구나.'

'역시 품띠, 검은 띠 맨 아이들은 눈빛부터 다르네. 우리 아이도 검은 띠까지 운동시켜야겠다.'

'저 아이와 친하게 지내더니, 같이 운동하는 아이였구나!'

'우리 아이가 운동하는 시간의 분위기는 이렇구나.'

한 장의 사진으로 학부모가 태권도장에 관한 많은 것들을 알게 됩니다. 지도자가 따로 이런 점에 관해 일일이 설명할 필요가 없다는 것이죠.

'굳이 이런 걸 설명해야 하나?'라고 생각하는 분도 계시겠지만, 학부모 입장에서는 궁금한 점이지만 일일이 묻기 어려운 부분이기도 합니다. 이런 것들을 알릴 의무가 있다고 생각하고 [사진운영법]을 진행해 보세요. 믿고 등록하는 학부모에게 말로 고맙다고 하는 거보다 확실한 방법입니다.

여기에 [사진운영법]의 핵심이라 할 '꾸준함'이 가미되면, 학부모는 꾸준한 운동에 따른 자녀의 실력을 수시로 확인하게 됩니다. 눈으로 확인하는 것이 관장의 백 마디 말보다 나을 수 있습니다.

'어머! 하다 보니 늘긴 하네. 확실히 실력이 좋아졌네.'

'빨간 띠 매니까 확 달라지는구나.'

'우리 관장님(사범님)은 이렇게 지도하는구나'

'생각보다 프로그램이 다양하네.'

'1년 전에 같이 운동한 ○○이는 국기원 심사 간다는데, 우리 아이는 아직 못 가는 이유가 있구나.'

'인성교육은 이런 식으로 하는구나.'

'품새는 정말 집중력 향상에 도움이 되겠네.'

'아이들의 수가 많아졌네! 초창기라 걱정했는데, 내 선택이 틀리지 않았구나.'

'꾸준함'이 가미된 [사진운영법]은 학부모의 거의 모든 궁금점을 해소해 줍니다. 태권도장을 신설 오픈하고 2년 만에 공개 수련을 예정해도 행사가 취소될 정도니까요.

태권도장처럼 여럿이 같이하는 과목의 경우, 단독보다 단체 위주로 촬영하는 것이 효과적입니다. 저는 단체와 단독의 비율을 8:2 정도로 촬영하고 있습니다.

04

단독 사진으로도 찍으세요

여러 가지의 장점 때문에 단체 사진, 동영상 위주로 촬영하며, 촬영 비율을 8:2 정도로 한다고 했습니다. 단독 사진 및 동영상은 작은 비율이지만, 장점이 확실히 있습니다. 지도자에 따라서 오히려 단독 사진, 동영상의 촬영 비율이 높은 곳도 있습니다.

[사진운영법]을 본인의 태권도장에 적용한 분들이 많습니다. 그중 한 분은 저와 반대로 단체와 단독 비율을 2:8로 합니다. 예전부터 DSLR로 하는 촬영을 즐기던 준전문가 관장

님 덕에 아이들 사진은 거의 단독 사진입니다.

이런 단독 사진이 말만 '프로필 사진 같다'에서 끝나는 것이 아니라 정말 프로필 사진이 됩니다. 카카오톡, 페이스북, 인스타그램 등 학부모가 많이 사용하는 SNS에 올라갑니다.

자녀를 처음 학원에 보내는 학부모는 안 그래도 학원에 여러모로 관심이 많습니다. 그렇기에 자녀의 모습을 받아보았을 때 기쁨도 크고, 본인의 선택과 결정에 만족하게 됩니다. 그에 더해 전송된 사진에 '딱!' 봐도 예쁜 자녀의 모습이라면 어떨까요? 아마 본인의 프로필 사진은 물론, 받아본 할머니, 할아버지의 프로필 사진으로까지 변하겠지요?

"저는 원장님이 주신 사진을 SNS에 올리지는 않아요. 함부로 올리기 조심스럽기도 하고요. 대신 맘에 드는 사진을 인화해서 냉장고에 붙여주곤 하는데, 놀러 온 친구 엄마가 그 사진이 너무 예쁘다고 누가 찍어줬냐고 묻네요. 감사해요. 관장님이 마치 자신의 아이를 보듯이 찍어주신다는 걸 알고 있습니다. 항상 감사드려요."

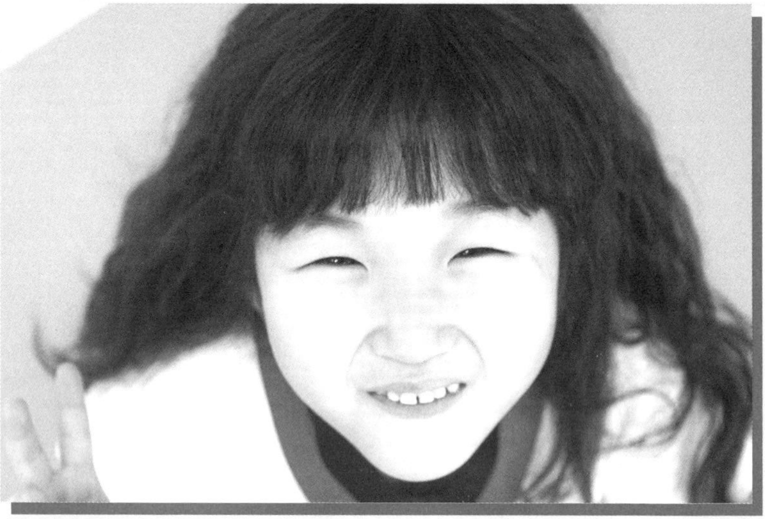

SNS에 적극적으로 올리는 학부모도, 이를 조심스러워하는 학부모도 그들이 상대하는 다른 이들은 우리의 잠재고객일 수 있습니다. 모두 그렇지 않더라도, 일부는 당신의 사진에 흥미를 느낄 것입니다. 더 나아가 본인의 아이에게도 그런 사진을 찍어 주고 싶어할지도 모릅니다.

저는 특별한 홍보를 하지 않습니다. 저는 업계의 일반적 홍보 대신 사진운영법과 블로그 활동을 선택했고, 그 기반에는 사진과 동영상이 있습니다.

05

있는 그대로 찍으세요

"어떤 식으로 촬영해야 하지요?"

[사진운영법]을 처음 적용하는 분들이 가장 많이 고민하는 것입니다. 이 질문에 대한 대답은 "일단 찍으세요."였습니다. 일단 찍기 시작해야 자신에게 맞는 방법이 생깁니다.

촬영에 도움이 되시라고 노하우 한 가지를 소개하겠습니다. 바로 '있는 그대로 촬영하기'입니다.

촬영할 때마다 멋진 모습이 나온다면 참으로 좋겠지요. 하

지만 하루 1천 장을 넘게 찍어도 흔들림이나 중복된 모습, 심지어 아이들은 잘 나와도 저나 사범님의 모습이 이상할 수 있습니다.

[사진운영법]의 핵심은 '꾸준함'입니다만, 한편으로 잘 찍힌 사진도 매우 중요합니다.

여기서 말하는 잘 찍힌 사진이란, 학부모가 원하는 모습일 텐데, 그건 우리의 예상 밖일 때가 많습니다. 몇 년을 보내는데, 매번 같은 사진이라면 따분하지 않을까요? 사실 학부모가 아이의 어떤 모습을 좋아하는지 우리는 정확히 모릅니다. 저의 판단으로는 아이의 표정이 이상해서 보낼까 말까 고민했는데, 정작 받아본 학부모가 아주 만족해하는 경우도 있습니다.

"아주 아기 때부터 이 표정이었는데, 커서도 보니까 너무 신기해요. 수련 중일 때도 이 표정을 짓는구나…."

자연스러움이 중요합니다. 누구나 사진 속의 모습이 의도되었는지 아닌지를 바로 판단할 수 있습니다. 보내주기 위한 모습이 아니라 정말 평소의 모습이라는 것을 알아야 합니다. 그래야 학부모는 사진 속 아이의 모습이 의도된 게 아님을 알게 됩니다.

물론 가끔은 멋진 자세, 예쁜 표정, 진지한 모습 등을 의도하여 촬영할 때도 있습니다. 예를 들면 띠가 올라갔을 때, 멋진 자세로 사진을 찍어주지요. 인성교육 시 진지한 토론이 이루어지는 모습도 찍어줍니다.

그러나 학부모에게 보내는 사진과 동영상의 대부분은 자연스러운 모습이어야 합니다. 그럼에도 초반에는 의도된 모습이라고 생각하기도 합니다. 하지만 꾸준히 오랜 기간 보내다 보면 이게 평소 모습임을 알게 되지요.

있는 그대로 찍어서, 자연스러운 모습을 꾸준히 보내십시오.

06

동영상도 찍으세요

[사진운영법] 시행 초창기, 1년간은 동영상 없이 사진만 찍어 보냈습니다. 동영상을 보내지 않았던 이유로는 '부끄러움'이 컸습니다.

모든 지도자가 그렇듯, 저 역시 사범 활동 시절부터 제자들의 실력에 욕심이 많았습니다. 제자의 실력 향상만큼 지도자에게 보람찬 일도 없지요. 하지만 실력이 낱낱이 드러나는 동영상 촬영의 경우, 제 의도처럼 아이들이 항상 멋진 모습만 보이는 것은 아닙니다.

예를 들어, 사진은 앞차기 동작 중 발이 가장 높이 올라간 위치를 찍을 수 있지만, 동영상의 경우 하나부터 열까지 다 드러납니다. 지도자가 보기에 제자의 발차기 실력이 미숙할 때는 그다지 드러내고 싶지 않은 마음입니다.

아이들의 실력을 곧 나의 실력으로 생각할 때, 동영상은 쉬이 찍어지지 않더군요. 마치 제 능력 부족을 드러내는 기분입니다. 하지만 가끔 동영상을 보낼 때면, 정적인 사진보다 훨씬 반응이 좋았습니다. 그럼에도 자주 보내지 못하다가 그 부끄러움을 극복하게 된 계기가 있었습니다. 바로 공개 수련이었지요.

처음 태권도장 운영 시, 자주 공개 수련을 했다고 말씀드렸습니다. 초반 1, 2년간 반응은 폭발적이었지만 차차 반응이 예전 같지 않았습니다. 이에 한 사범님이 동영상 공개 수련 제안을 했습니다.

"관장님, 이번 공개 수련은 동영상으로 하면 어떨까요?"

공개 수련의 순서는 아래와 같았습니다.

초등 1학년 공개 수련

1. 준비운동 – 발 벌려 뛰기, 엎드려 일어나기
2. 줄넘기, 훌라후프
3. 명상
4. 태권도 기본 동작 – 정권 지르기, 기본자세, 기본 공격, 방어 동작, 발차기
5. 품새
6. 격파

우리는 각각의 모습을 동영상으로 제작했습니다. 처음부터 끝까지 전체를 촬영하지 않고, 짧게 끊어 가면서 촬영했지요. 짧게는 10초 정도, 길게는 1분 정도 되는 동영상 8~10개 정도가 촬영되었습니다. 이 동영상들을 학부모에게 카카오톡을 이용하여 보냈습니다. 보내자 답글이 쏟아졌습니다.

"안 그래도 이번 공개 수련에 못 가서 아쉬웠는데, 동영상

으로 보니 정말 좋네요."

"동영상이라 생생해서 공개 수련을 직접 본 것 같아요. 수고로우셨을 텐데 정말 감사합니다."

학부모의 폭발적 반응 속에는 정작 저의 지도 능력과 아이들의 실력 이야기는 없더군요. 어쩌면 당연한 건데 말이죠. 이렇게 동영상의 부끄러움을 완벽히 극복했고, 이후로 동영상을 적극적으로 활용하기 시작했습니다.

동영상을 보낼 때의 장점으로 생생함도 있지만, 더욱 중요한 게 있습니다. 바로 자녀 실력에 대한 부모의 객관적 인지, 즉 객관적인 평가가 가능하다는 것입니다.

거의 모든 학원 과목이 그러하듯, 태권도 선수로 키우기 위해 태권도장을 보내는 분은 거의 없습니다. 하지만 일정 기간 이상 태권도장에 다니면, 자녀의 실력이 궁금할 수밖에 없지요. 아이가 태권도장에 처음 입관했을 때부터 꾸준히 동영상을 보낸다면, 부모는 자녀의 실력에 대해 알게 됩니다. 더불어 다른 친구들의 모습을 보면서, 자녀의 상태를 객관적으로 알게 되지요.

'우리 애가 좀 늦게 시작한 건데, 실력이 또래보다 확실히 좋구나. 관장님 말씀이 그냥 나온 말이 아니구나.'

'저 아이가 이번에 품띠 따러 간다고 하더니, 확실히 잘하는구나.'

'에구, 관장님이 이번에 국기원 심사 어렵다고 하시더니 영상 보니 알겠네.'

이렇게 학부모가 자녀의 실력을 인지하고 있으면, 국기원 승품 심사에 대한 항의가 거의 없습니다.

"관장님 왜 우리 애는 국기원 안 가요?"

가끔 다닌 지 1년이 채 되지 않았는데 심사 질문을 하는 분도 계십니다. 물론 일정 기간 다녔음에도 심사 볼 실력을 갖추도록 지도하지 못한 지도자의 책임도 있습니다. 혹은 아이의 습득 능력이 다소 부족하거나 결석이 잦았다거나 하는 여러 가지 이유가 있을 것입니다.

하지만 꾸준히 보낸 동영상을 통해 학부모가 자녀의 실

력을 객관적으로 인지하고 있다면 이런 질문에 속상할 일은 없습니다. 동영상을 통해서는 자녀의 수련 태도나 저의 지도 모습도 알 수 있지요. 종종 이렇게 말하는 학부모도 만납니다.

"관장님께서 그렇게 열심히 지도하시는데, 우리 애가 집중을 잘 못 하네요. 죄송합니다."

만약, 수련 모습 동영상을 꾸준히 보내지 않았으면, 다음과 같은 질문에 과연 어떤 대답을 해야 할지 머릿속이 복잡해질 것입니다.

"관장님, 우리 애는 1년이나 배웠는데 실력도 안 늘고, 같이 시작한 친구들 모두 가는 국기원 심사도 못 보나요?"

제가 태권도장을 운영하다 보니 국기원 심사로 빗대 말씀드렸지만, 피아노나 미술 등 일정 기간 후 학부모가 원생의 실력을 알고 싶어 하는, 거의 모든 학원에서도 같은 효과를 볼 수 있습니다.

07

의도적으로 지도자가 나오도록 찍으세요

[사진운영법]의 활용 목적 중 하나는 우리의 수고를 잘 모르는 학부모에게 보이는 것도 있습니다. 우리가 열심히 지도하는 모습을 알리는 것이지요.

학부모는 우리를 믿고 소중한 자녀를 맡깁니다. 하지만 안타깝게도 학부모는 우리의 열정적 지도를 모릅니다. 당연히 '잘 가르쳐 주고 있겠지.'라고 짐작할 뿐입니다. 직접 본 적이 없으니 당연히 그렇지요.

저는 의도적으로 지도자가 노출되도록 촬영합니다. 제가

지도하고 있는 모습을 사범님들이 촬영한다든지, 사범님들이 지도하고 있는 모습을 제가 의도적으로 촬영하기도 합니다.

사범님들은 평소에 아이들 위주로 촬영하지만, 웬만하면 저도 같이 나오는 구도를 선택합니다. 단체 사진으로 찍을 때는 자연스럽게 제가 나오게 되지요. 게다가 개별적으로 지도를 한다든지, 한 명씩 자세를 바로잡아 준다든지, 아이들에게 구두로 지도한다든지, 인성교육을 위해 삼삼오오 모여 토론을 한다든지 이런 모습은 지도자의 모습도 함께 나오도록 합니다.

이렇게 촬영된 모습에는 열심히 아이들에게 지도하고 있는 저와 사범님들의 모습이 들어있습니다.

한 학부모에게 아이의 발차기 연습 동영상을 보낸다고 생각해 보세요. 그 안에는 발차기 순간이 아닌, 제대로 된 발차기를 위해 제가 중심을 잡아주는 모습이 들어있습니다. 혹은 발 모양을 수정해 주는 모습도 들어있고, 혹은 원생의 모습을 보고 칭찬해주는 저나 사범님의 모습도 들어가 있습니다.

10명 정도의 아이들이 진지하게 수업에 임하는 모습이 담긴 사진을 생각해 보세요. 아이들은 모두가 집중하며 동작을 연습하고 있습니다. 카메라에 찍히는 줄도 모르고, 구슬땀을 흘리며 누가 보더라도, '열심히 하는구나.'라는 생각이 들 정도입니다. 그런데 근처에서 아이들 못지않게 진지하게 지도 중인 혹은 같이하고 있는 지도자의 모습이 보입니다.

이런 모습을 보일 수 있다면, 일일이 학부모에게 말을 할 필요가 있을까요?

"열심히 자녀를 지도하겠습니다!"
"내 자식처럼 가르치겠습니다!"
"말로만 지도하지 않습니다. 같이 땀 흘리며 운동합니다!"

이런 말들을 누가 못 하겠습니까? 말은 누구든지 할 수 있습니다. 하지만 사진이나 동영상으로 확인할 수 있다면, 1년, 2년, 3년, 그 이상 자녀가 처음 태권도장에서 운동할 때부터 몇 년이 지난 지금까지 계속해서 보게 된다면 어떨까요? 학부모가 우리에게 보내는 신뢰는 어마어마할 것입니다. 우리에게 보내는 신뢰가 그만큼 어마어마한데 뭘 못하겠습니까!?

'처음'에는 어색할 수도 있지만, '처음'만 그렇습니다.

3장

/

핵 인싸 학. 마. 법.
[사진운영법]

슬기로운 정리와 활용

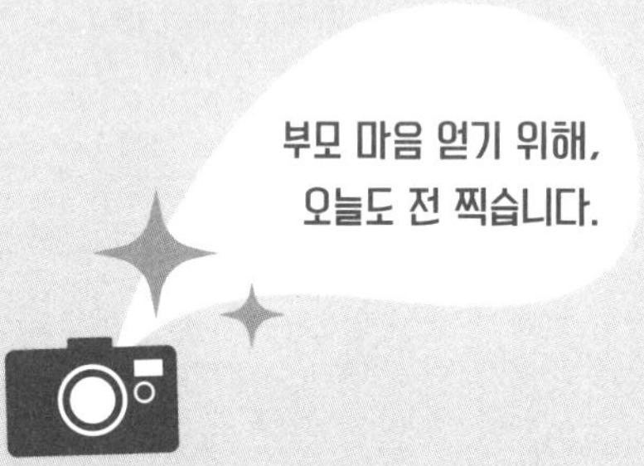
부모 마음 얻기 위해,
오늘도 전 찍습니다.

01

/

슬기로운 단축키

"작업시간이 너무 오래 걸립니다."

[사진운영법]의 최대 단점입니다. 촬영이야 운동 중에 하기에, 따로 시간을 할애하지 않습니다. 하지만 촬영한 사진을 정리하는 시간이 너무 오래 걸린다는 말을 많이 듣습니다.

"[사진운영법]을 시도하고 부모님들 반응이 좋아요. 그래서 더 열심히 많은 양을 찍습니다. 하루 촬영 분량이 기본적으로 몇 백 장이고, 어떤 날은 1천 장을 넘을 때도 있더라고요. 촬영할 때는 즐거운 마음뿐이지만 그 수백 장을 정리할 생각을 하면 엄청나게 부담스럽습니다."

저 역시 초반에는 정리하는 데만 2, 3시간을 할애했습니다. 심지어, '그날 모습은 그날 보내야 한다!'는 쓸데없는(?) 저만의 기준으로 저녁 11시 넘어서까지 전송했습니다. 지금은 다음날 보내고 있지만요. 아! 물론 첫 운동을 한 친구는 당일에 보내드리는 것이 좋습니다. 처음 운동을 보낸 학부모는 얼마나 궁금하겠어요.

제가 놀랐던 점은 바로 여러 원장님께서 [사진운영법]을 활용하실 때 PC를 활용하지 않는다는 점입니다. 초창기는 디지털카메라로 촬영을 했기에 PC를 이용한 전송이 당연했지만, 스마트폰으로 촬영하는 지금도 PC를 사용합니다.

스마트폰으로 촬영하면 바로 편집, 전송을 할 수 있는 엄청난 장점이 있습니다. 하지만 그 분량이 상당하다면 스마트폰 작업에 한계가 있습니다. 물론 케이블을 이용하여 스마트폰을 PC로 연결하고 사진을 선택해서 이동하는 작업이 번거로운 건 사실입니다. 하지만 이 번거로움을 상쇄하고도 남을 만큼 PC 이용은 시간 단축으로 이어집니다.

'단축키'와 '카카오톡 PC 버전'을 사용하면 더욱 빨리 진행됩니다. '단축키'라고 하면 거창하게 여기거나, 막연히 어렵다고 느낄 수 있습니다. 하지만 전혀 걱정하지 마십시오. 저 역시 많은 PC 내의 단축키 중에서 'Ctrl + A(모두 선택)', 'Ctrl + C(복사)', 'Ctrl + X(잘라내기)', 'Ctrl + V(붙여넣기)'밖에 사용하지 않습니다. 컴퓨터에 관해서 '1'만 알아도 이 단축키는 아실 것입니다. 정말 기본 중 기본인 단축키입니다. 단순한 것이지만 익숙해지면 시간 단축의 위력은 엄청납니다.

'Ctrl + A(모두 선택)' 단축키를 모르고 있던 시절엔, 그날 촬영한 사진과 동영상을 PC로 옮길 때 모든 파일을 드래그해서 선택했었습니다. 그날 촬영한 사진이 500장이라면 컴퓨터에 500장을 모두 옮기기 위해 전부 드래그했지요. 일반 파일이 아니라 사진, 동영상 파일이다 보니(PC 사양에 따라 차이가 있지만) 옮기는 속도도 만만치 않았습니다. 실수로 선택이 없어지기라도 하면 정말 속상하지요.

약 5년 전 그날도 저는 촬영한 사진을 PC로 옮기기 위해 열심히 드래그하고 있었습니다. 그날따라 사범님이 제 곁에서 작업을 보고 있다가 한 마디 던집니다.

"관장님, 뭐 하세요?"

"사진 옮기려고 선택하고 있는데…."

"아니 왜 그렇게 어렵게 하세요? 그냥 'Ctrl + A'만 누르시면 돼요."

"'Ctrl + A' 그게 뭔데?"

"헐, 한 번 눌러보세요."

정말 놀랍다 못해 한심에 가까운 눈빛으로 저를 보는 사범님을 뒤로 한 채 이 단축키를 누른 순간. 놀라움, 쾌감, 창피함, 비참함 등의 감정이 교차했습니다. 수천 장 가까이 되는 사진과 동영상이 한 번에 선택되었던 거지요. 그 후로 몇 가지 단축키를 습득한 뒤, 그걸로 모든 작업을 진행 중입니다. 이왕 하는 거 쉽고 간단하게 습관처럼 사용하시길 바랍니다.

02

슬기로운 카카오톡 PC 버전

'Ctrl + X(잘라내기)' 단축키에 관한 에피소드도 있습니다.

전 원래 'Ctrl + X(잘라내기)' 단축키도 몰랐습니다. 'Ctrl + X(잘라내기)' 단축키를 알기 전에는 'Ctrl + C(복사)' 단축키만 알고 있었지요. 스마트폰에 있는 사진과 동영상을 PC로 옮길 때 선택한 후, 'Ctrl + C(복사)' 단축키로 복사하고 다시 스마트폰의 사진과 동영상을 삭제했습니다.

'Ctrl + X(잘라내기)' 단축키를 간단하게 설명하자면, 선택한 파일을 원래의 위치에서 잘라내는 기능입니다. 한마디로 '복사'와 '삭제' 기능이 동시에 되는 기능입니다. 'Ctrl + X(잘라내기)' 단축키를 사용하여 잘라낸 파일은 이동할 위치에서 'Ctrl + V(붙여넣기)' 단축키로 붙여넣을 수가 있습니다.

이렇게 간단하고 심지어 몇 가지 안 되는 단축키들이 많은 양의 사진과 동영상들을 정리, 전송하는 시간을 비약적으로 단축해 줍니다. 그래서 '단축키'인가 보네요. 이 글을 보시는 여러분께서는 아마도 이렇게 생각하시겠지요.

'이런 당연한 걸 굳이 설명할 필요가 있나?'

그만큼 간단하고 많은 분들이 알고 있는 기능이니까요.

하지만 결코 이 단축키를 모든 사람이 아는 건 아닙니다. 일단 제가 몰랐잖아요. 저만의 이야기라고요? 그렇지 않습니다. 얼마 전 제게 개별 컨설팅받으신 태권도 관장님, 줄넘기클럽 원장님의 표정을 보여드리고 싶네요.

"원장님 이렇게 그날 찍은 사진들이 몇 백 장 되잖아요. 이것들을 PC로 옮겨주세요. 이렇게 해서 이렇게요."

전 당연히 기본적인 단축키를 아신다는 전제하에 'Ctrl + A(전체 선택)' 해서 'Ctrl + X(잘라내기)'로 이동을 시켰습니다.

"앗, 관장님! 그거! 그거요. 잠깐!, 잠깐!, 잠깐!, 어떻게 하신 거예요?"

단축키를 활용해 쉽게 옮긴 많은 양의 사진과 동영상은 우선 삭제와 살릴 것들을 구분하고, 분류작업을 하면 됩니다. 사진이나 동영상을 보기 위해 사용하는 뷰어 프로그램은 각자의 선택에 맡기겠습니다. 개인적으로 '꿀뷰'를 사용하지만, 자신에게 맞는 좋은 프로그램이 있으면 그것을 사용하시면 됩니다.

사진운영법이 가능하게 된 결정적 프로그램은 바로 '카카오톡 PC 버전'입니다. 아시다시피 인터넷 검색창에 '카카오톡 PC 버전'이라고 검색하고 설치하면 손쉽게 이용할 수 있습니다.

본격적으로 [사진운영법]을 활용하게 되면 엄청난 수의 사진과 동영상을 촬영하게 됩니다. 그렇지만 총 촬영 분량 중

대략 10~20% 정도의 사진, 동영상만 활용됩니다. 그만큼 정리, 전송하는 시간이 오래 걸릴 수밖에 없습니다. 정리에 있어 단축키가 핵심이라면, 전송의 간편함은 카카오톡 PC 버전이 맡고 있습니다.

다시 강조하지만 [사진운영법]의 핵심은 '꾸준함'입니다. 핵심인 '꾸준함'을 위해서라도 촬영한 사진과 동영상의 정리, 전송하는 데에 할애하는 시간을 줄여야 합니다. 따라서 정리, 전송 활용 도구로 PC 사용을 권장합니다.

03

매일 청소하듯,
오전 11시의 일상

사진, 동영상 편집, 전송에 있어서 수많은 시행착오 끝에 체계를 잡았습니다. 학원을 청소하듯이 하는 것입니다.

보통 학원 청소는 본격적인 수업이 시작되기 전에 많이 합니다. 선생님들께도 같은 마음이길 바라는 것은 어렵지만, 원장 입장에서는 수업 시작 전 청소는 약간 살을 붙이자면, 경건한 마음가짐에 가깝습니다. 이후 있을 수업이 순조롭고 안전하며 즐겁게 잘 진행되기를 바라는 마음이 있으니까요. 게다가 학원 청소를 끝내고 먹는 점심의 맛은, 정말이지 꿀

맛이 아닐 수 없습니다.

청소처럼, 전날 촬영한 것을 청소 후 점심 식사하기 전, 그 시간을 활용해 규칙적으로 했습니다. 학원마다 다르니 각각 학원에 맞는 일정한 시간과 규칙을 정하면 됩니다. 핵심은 청소와 같이 규칙적으로 수행하는 것입니다. 그래야 가장 중요한 꾸준함을 실천하실 수 있습니다.

매일 오전 11시를 선택한 이유는 다음과 같습니다. 일단 출근하는 학부모의 경우를 살펴보겠습니다. 대부분이 오전 9시경에 출근합니다. 출근하고 1, 2시간은 전날 이어지는 업무와 새로이 시작하는 업무 등으로 인해 정신없습니다. 안 그래도 출근 전쟁을 치르며 정시 출근을 했을 텐데, 바로 시작되는 근무에 더욱 정신이 없을 터입니다. 이렇게 정신없을 때 핸드폰에서 연달아 울리는 카톡 소리는 반갑지 않습니다. 내용이 자녀의 모습이라 할지라도 말이죠.

하지만 출근 후 1, 2시간이 흐르고 정신이나 몸이 일에 적응된 오전 11시경은 상대적으로 여유가 생기는 시간일 수 있습니다. 이 시간은 더욱이 다가올 점심 식사 시간으로 인해 한층 기분이 '업'되어 있는 상태이지요. 이때 받아보는 자녀의 모습은 너무나 반갑지 않을까요?

이번에는 회사가 아닌, 어마어마한 집안일을 하는 '전업' 학부모의 예를 들어봅니다.

전업 학부모의 오전도 바쁘긴 마찬가지입니다. 정신없는 오전 시간을 보내고 난 오전 11시경은 그나마 한숨 돌리며 차 한잔할 수 있는 시간입니다. 그래서 이 시간대에 동네 카페에 가보면, 어머님들이 삼삼오오 모여 담소를 나누는 모습을 쉽게 볼 수 있습니다. 당연히 이런 시간대에 받아보는 자녀의 모습은 저절로 미소를 짓게 하겠죠.

심지어 학부모가 동네 지인과 동네 카페에서 담소 중이라면, 연달아 올리는 카톡 소리에 관심이 갈 것입니다.

"뭐야? 뭐가 이렇게 와?"

"아. 어제 우리 하늘이 태권도 모습 오는 거야. 우리 관장님은 매일같이 이렇게 전날 운동 모습을 보내주셔. 어떤 날은 10개 이상씩 사진과 동영상들이 와."

"진짜? 어디 어디 한번 봐봐."

위의 대화 내용은 저의 상상입니다. 너무나 그럴듯한 상상 아닌가요? 정확히 산술적인 계산을 할 수 없지만, 이런 상황이 일어난다면, 예상되는 홍보 효과는 기대 이상일 것이며, 저는 그만큼의 홍보 효과를 누렸을 것이라 확신합니다.

학원업 종사자 중 청소를 등한시하는 분은 없습니다. 규칙적으로 청소하듯이 사진, 동영상 정리도 그렇게 하면 됩니다. 그리고 최고의 홍보인 입에서 입으로 전해지는 '입소문'을 최대한 활용할 수 있는 오전 11시경의 일상도 활용해 보시고요.

04

날짜별, 이름별 폴더

이번에는 정리의 모든 것이라 할 수 있는 '폴더 만들기'에 대해 설명하겠습니다.

[날짜별 폴더]

촬영한 날짜로 폴더명을 만들고 사진과 동영상을 옮깁니다. 삭제할 사진은 삭제하고 전송할 사진들을 다시 분류합니다. 정리를 하다보면,

'이야! 이 사진 정말 최고다!'

'이 동영상 대박인데!'

싶은 사진이나 동영상이 있습니다.

한 번 전송하고 말기에는 너무나 아까운 사진이나 동영상 말이죠. 그럴 때는 이름별 폴더를 만듭니다.

[이름별 폴더]

아이의 이름으로 폴더를 만듭니다. 이 폴더에는 한 번 전송하기에는 아까운 사진과 동영상을 저장합니다. 이 폴더는 공개 수련, 발표회, 생일잔치 등의 행사나 퇴관, 졸업, 입학, 연말 등 여러 상황에 따라 활용합니다.

공개 행사를 진행할 때, 행사 전 참여하는 인원을 정하고, 이들에게 나눠줄 안내문과 평소 개인별로 모아둔 사진들을 활용하는 겁니다. 식순만 달랑 담긴 안내문보다 자녀의 얼굴이 들어간 안내문을 받아 본 학부모는 행사가 시작되기 전부터 감동하기 시작합니다. 마음을 사로잡기 위해 하는 공개 행사인데, 시작 전부터 마음을 사로잡게 되지요.

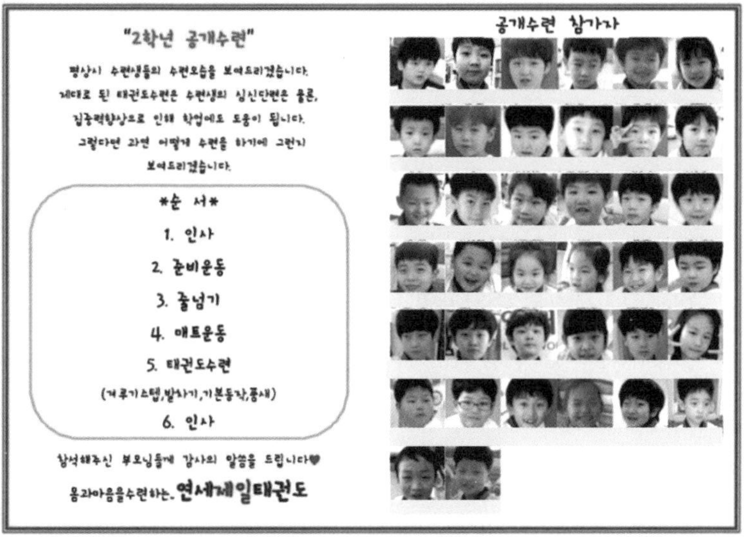

저는 아이가 셋이다 보니 돌잔치도 세 번이나 했습니다. 직접 치른 돌잔치만 세 번이고 손님으로 참석한 횟수는 셀 수가 없습니다. 이 많은 돌잔치의 '돌 영상'에서 아이디어를 얻어, 공개 수련에 간단한 영상을 만들었습니다.

마치 돌잔치의 돌 영상처럼 참가 아이들의 사진이나 동영상이 흘러갑니다. 감동적인 배경음악과 함께 말이죠. 본격적인 공개 수련 전 영상을 상영하면, 여기저기서 훌쩍거리는 소리가 납니다. 주책이야 싶겠지만 부모가 되고 보니 아이의 사진만 봐도 괜히 울컥할 때가 있습니다. 이런 감동적인 분위기 속에서 진행하는 공개 수련은 매번 성공적이었습니다.

학원을 운영하면서 생일잔치를 많이 열어주고 있습니다. 잔치의 주인공이 여러 명일 때도 있고 한 명일 때도 있지요. 이때 생일잔치의 주인공이 우리 원생이라면 모아둔 사진, 동영상이 아주 요긴하게 쓰입니다.

한 번은 다닌 지 2년 정도 된 친구의 생일잔치를 열어준 적이 있습니다. 주인공 친구가 처음 다닐 때부터 현재까지 2년간의 시간이 흘러가는 영상을 본 학부모는 연신 '훌쩍' '훌쩍'이었습니다. 그 학부모는 저에게 어떤 마음이 들까요? 제가 학부모의 마음을 사로잡았을까요?

오랜 기간 모아둔 사진이나 동영상은 졸업이나 입학, 연말 시즌에도 활용됩니다. 초등 1학년 처음 운동을 시작한 제자가 어느새 초등학교를 졸업할 때, 중학교에 입학할 때쯤 그간의 사진들을 보내드립니다. 연말에도 보냅니다. 지난 1년간의 모습은 뜻밖의 특별한 크리스마스, 졸업 혹은 입학 선물이 되기도 합니다.

이 사진, 동영상들은 제자의 퇴관 시에도 유용하게 활용됩니다. 약 3년간 운동 후 바빠진 스케줄로 인해 퇴관을 통보한 학부모가 있었습니다. 그동안 지도를 맡겨주셔서 감사하다는 인사와 아쉬움을 담아 3년간의 사진과 동영상을 간추려 보냈습니다.

"관장님께서 우리 아이를 이렇게까지 생각하시는 줄은 몰랐습니다. 태권도장을 다니며 태권도만 배우고 있던 것이 아니었네요. 고학년 되고 바빠진다는 핑계로 운동부터 그만 보내야겠다 생각한 게 부끄럽습니다. 운동 횟수를 줄이더라도 꾸준히 운동을 이어가려고 합니다. 앞으로도 잘 부탁드립니다."

결코, 이런 걸 바라고 보낸 건 절대 아니었습니다. 그 정도로 계산적인 사람은 아니랍니다. 그저 저에게는 그 아이의 성장이 담긴 사진과 동영상이 있었을 뿐이고, 그걸 모아 보냈을 뿐인데 이런 일이 생기더라고요.

05

용도별 폴더

한 번은 이사로 인해 불가피하게 그만두게 된 원생의 학부모에게 그간이 모습을 전송한 적이 있습니다. 아쉬움과 그동안의 믿음에 대한 감사와 축복의 마음을 함께 담아서요. 10년 넘게 해당 동네에 사시며, 그중 5년을 제게 지도를 맡겨주셨기에 그 아쉬움은 남달랐습니다. 저의 이러한 아쉬움이 다른 학부모님들에게 좋은 인상으로 남았나 봅니다. 이 모습에 아이를 보내주신다는 분들도 많이 계셨으니까요.

언급한 사례 말고도 꾸준했던 사진과 동영상들이 엄청난

효과를 발휘했을 것입니다. 모르고 지나간 효과들이 셀 수 없이 많을 것이라 확신합니다. 그러니 이렇게 부족한 제가 멋진 학원을 운영하는 게 아닐까요?

모아둔 사진, 동영상들을 보낼 때면, 부족하지만 나름의 감동적인 문구도 함께 적었습니다. 그런데 지금 생각해 보니 어떤 문구가 적히든 오랜 기간 제자에 대한 사랑이 들어간 사진, 동영상들과 함께라면 감동이 될 수밖에 없을 것입니다.

[용도별 폴더]

날짜별 폴더로 옮긴 사진을 정리하다 보면, 아래와 같은 생각을 하게 됩니다.

'이야~, 이 사진은 전단에 쓰면 참 좋겠다!'
'이건 시범단 메인 사진으로 활용하면 좋겠네.'
'이건 인성 교육할 때 활용하면 좋겠다.'
'이건 홈페이지에 사용하면 되겠네.'

이처럼 좋은 사진, 동영상을 만날 때를 대비하여 용도별로 폴더를 만들어서 사용합니다.

전단 제작, 홈페이지 업로드 등에 사용할 사진, 동영상을 위해 [홍보용 폴더]를 만들어 사용하면 좋습니다. 필요한 순간 그간 고르고 모아두었던 사진으로 활용하게 됩니다. 이렇게 만들어진 최종 작품은 완성도가 아주 뛰어납니다.

[인성교육용 폴더]를 만들어서 적절한 사진, 동영상을 모아두었습니다. 제가 운영하는 태권도장은 인성교육 시, 전문 인성교육 기관에서 제작한 사진, 동영상을 주로 활용합니다. 하지만 간혹 우리의 모습이 담긴 자료로 교육하면, 아이들의 집중도나 참여도 향상에 큰 도움이 됩니다.

[인성교육 편지용 폴더]도 활용합니다.

매주 금요일이면 '○월 ○주 인성교육 안내'라는 제목으로 지난 한 주 동안 교육한 내용을 정리합니다. 그리고 태권도장 블로그에 올림으로써 인성교육 시간에 아이들에게 보여줍니다. 더불어 학부모에게는 카카오톡으로 전송하고 있지요. 전 이것을 '안내문'이라기보다 '편지'라고 말합니다. 저는 매주 금요일마다 아이들과 학부모에게 편지를 쓰는 셈입니다.

[인성교육 편지용 폴더]는 편지 작성 시 첨부할 사진이나 동영상을 모아두는 폴더입니다. 학부모에게 보내는 편지를 작성할 때, 글로만 작성하는 것보다 사진이나 동영상이 들어간 안내문에 더욱 반응이 좋습니다. 내용 전달 측면에서도 효과적이고요.

끝으로 [베스트 사진, 영상 폴더]에 대해 소개하겠습니다.

운동 모습을 촬영한 사진, 동영상을 정리하다 보면 '혼자 보기 아까운' 그런 사진, 동영상이 있습니다. 이를 모아두는 [베스트 사진, 영상 폴더]를 만듭니다. 이렇게 모인 것들은 매주 금요일에 보내드리는 '○월 ○주 인성교육 안내' 편지 마지막에 첨부합니다. 자칫 지루해질 수 있는 인성교육 관련 안내문이 재밌어지는 효과를 냅니다.

이렇게 용도별로 폴더를 만들어 분류해 두지 않으면 막상 필요한 순간에 해당 사진이나 동영상이 어디에 있는지 헤매게 됩니다. 몇 시간을 원하는 사진을 찾아 헤매다 결국은 못

찾은 그런 경험 있으실 겁니다. 계획된 '폴더 만들기'는 [사진 운영법]의 활용도를 한없이 넓혀 줍니다.

06

대박 활용법, '모두 보내라.'

원생들의 수업 모습을 촬영하여 학부모께 보내드리는 것만으로도, 학부모의 마음을 사로잡을 수 있다고 했는데, 여기서 조금의 노력을 더 보태면 좋겠습니다. 그렇게 하면 이 소중한 사진, 동영상을 200% 이상 활용할 수 있습니다.

활용법 중 가장 기본이 되는 부모님께 직접 보내기입니다.

이때 저는 자녀의 일정을 주관하는 주 양육자 한 명에게만 보내지 않습니다. 즉 어머니에게만 보내지 않고 아버지에게도 함께 보내드립니다.

보통 지도자들은 편부모 자녀의 경우를 제외하고는 아버지의 연락처를 모릅니다. 하지만 저는 모든 원생의 아버지 연락처를 알고 있습니다.

"어떻게 아버지 연락처를 다 알고 있으세요?"

방법은 의외로 간단합니다. 입관 상담 시 태권도장 최대 무기인 [사진운영법]을 어필합니다.

"어머니, 지금이야 이렇게 원에 계시지만, 앞으로 오실 일은 많지 않으실 겁니다. 용무가 있어 들르시더라도 하늘이의 모습을 아주 잠깐 보게 될 것이고요. 생각보다 수업 모습을 직접 확인할 기회가 적습니다. 그런데 사실 엄청 궁금하시잖아요. 아이들은 물어도 대답을 잘 안 하고요."

"맞아요. 잘 했어? 물어보면 '어' 하고 끝나요."
"오늘 뭐 했어? 물으면, '태권도' 이렇게 말하고요."
"어머! 맞아요. 저 대답을 들으면 속이 터지죠."

"제가 하늘이의 모습을 사진과 동영상으로 수시로 촬영할 게요. 그리고 촬영한 모습은 정리하여 다음날 보내드려요. 이렇게요."

저는 컴퓨터 모니터에 활성화되어 있는 카카오톡 PC를 열고, 카톡 대화 창 하나를 열어 보여드립니다. 이때 중요한 것은 아무 창이나 열지 않습니다. 상담 중인 학부모의 자녀 나이, 성별을 고려해 비슷한 원생의 학부모 대화창을 엽니다. '우리 딸이랑 비슷한 아이도 다니고 있네'라는 생각도 등록 결정에 큰 플러스 요인이 됩니다.

보여드린 대화창에는 전날 수업한 모습의 사진과 동영상이 모두 보입니다. 전날뿐만 아니라 이전의 대화창까지 스크롤 하며 보여드립니다.

"이런 식으로 자녀가 운동한 모습을 보내드리고 있습니다. 이렇게 많은 양이 단 하루 분량입니다. 매일같이 보내드리니 부모님은 자녀가 열심히 하는지, 무엇을 하는지, 누구와 하는지 등의 모든 궁금증이 해결될 겁니다."

설명을 들은 학부모는 아주 만족합니다. [사진운영법]의 위대함(?)을 알게 된 학부모는 거의 98% 이상 등록하게 됩니다.

“이렇게 하늘이의 운동 모습을 아버님께도 카톡을 이용해 직접 보내드려요. 그리고 혹시 모를 비상연락망으로 사용할 계획이니 아버님 연락처도 알려주세요.”

다년간 지도해도 원생의 아버지를 단 한 번도 못 만나는 경우가 대부분입니다. 만나기는커녕 전화 통화 혹은 메시지로 대화를 나눌 기회 조차 없지요. 하지만 아버지도 원생의 소중한 학부모입니다. 아무리 관심이 없는 것 같아도 마음을 사로잡아야죠! 답변이 없더라도 꾸준히 아버지에게 자녀의 운동 모습을 보내드립니다. 이렇게 아버지에게도 신뢰를 쌓아두면, 평소에는 효과가 없어 보이지만 언젠가 분명히 돌아옵니다.

“관장님, 엄마가 5학년이라고 바쁘니까 운동 그만하자 했는데, 아빠가 절대 안 된다고 운동 하나는 꾸준히 해야 한대요.”

몇 년간 한 번도 못 뵌 아버지 덕택을 톡톡히 볼 때가 많습니다. 꾸준히 아버지께 보여드리지 않았다면 결과는 달라졌을 겁니다.

직접 보내기의 또 다른 경우입니다. 바로 할머니 할아버지께 보내기입니다.

말도 안 된다고요? 사실입니다. 하지만 모든 원생의 할머니, 할아버지께 보내진 않습니다. 맞벌이 등으로 인해서 할머니, 할아버지가 원생을 돌봐주시는 경우가 있습니다. 이런 경우 할머니, 할아버지의 연락처를 알게 되지요.

연락처를 핸드폰에 저장할 때는 그 아이의 학부모와 알게 된 조부모의 연락처까지 함께 저장합니다. 예를 들어 김하늘 학생이라면, 카카오톡 PC 버전에 'ㄱㅎㄴ' 초성만 검색해도 학부모, 조부모의 연락처까지 나오도록 말이죠. 이제 우리는 클릭 한 번과 드래그 한 번으로 어머니, 아버지, 할머니, 할아버지 이렇게 최대 4명에게 모두 보낼 수 있습니다. 사진을 받아보신 할머니, 할아버지의 반응은 어떠실까요?

"애야, 태권도장 관장 참 괜찮다."

맞벌이로 인해 자녀의 생활 대부분을 책임져 주시는, 할머니 할아버지의 이 말 한마디는 엄청난 힘을 가지고 있습니다.

원장님들은 학부모에게 안내할 사항이 무척 많습니다. 따라서 안내문 작성을 자주 하게 됩니다. 저는 모든 안내문을 블로그에 먼저 포스팅하고 그 URL을 학부모의 카톡으로 전송합니다. 이렇게 하면, 문서로 안내문을 작성, 발송할 때보다 비교가 안 될 정도로 신속하며 정확하게 학부모에게 전달할 수 있습니다.

또한, 용지 비용이나 프린트 비용이 들지 않으니 경제적 측면에서도 아주 좋습니다. 게다가 열심히 촬영하고 정리하여 확보한 사진, 동영상을 안내문에 활용하면 내용 전달의 효율성도 글로만 작성한 안내문보다 뛰어납니다. 많은 참여를 유도하는 신청 안내문의 경우 사진, 동영상을 활용할 때 더 많은 신청이 쇄도합니다.

그 외에도 사진과 동영상은 태권도장 홈페이지나 페이스북, 인스타그램 등 각종 SNS에 활용할 수 있습니다. 지금이야 많은 분이 활용하고 계시지만, 아직까지 이런 형식을 활용해보지 못한 운영자분들이라면 활용해 보실 것을 적극적으로 권합니다.

어렵다고 생각할 수 있습니다. 맞습니다. 어렵습니다. 하지만 시작만 어렵습니다. 제가 운영하는 태권도장은 지역에서 유일하게 성인부가 활성화되어 있는데 2, 30대 성인들의 등록 계기는 대부분 '인스타그램'이라는 SNS 덕분이었습니다.

[redacted]님 외 30명이 좋아합니다
[redacted] 송도 태권도 하늘 태권도
수련 문의... 더 보기
2019년 11월 19일

[redacted]

[redacted]님 외 35명이 좋아합니다
[redacted] 송도 태권도 하늘 태권도
수련 문의... 더 보기

07

초대박 활용법, '네이버 검색에 우리 태권도장이 어마어마하게 노출된다면?!'

17년 5월 '송도하늘태권도'를 0명으로 신설 오픈하고, 여러 번 언급했듯이 상황은 좋지 않았습니다. 여기서 내가 할 수 있는 최고의 홍보가 무엇일까?라는 질문을 던졌습니다. 지금까지 수없이 시행했던 일반적인 방법만으로 효과가 없다고 판단했습니다. 탈모를 부를 정도의 고민이 거듭되고 결국 M자 탈모가 더욱 심해진 끝에 한 가지 생각이 들었습니다.

'몇 천 원짜리 물건 하나를 사더라도 검색하는 세상인데.

네이버 검색에 우리 태권도장이 엄청 노출된다면?'

이란 생각을 하게 된 것입니다.

'네이버에 우리 태권도장을 홍보할 수 있다면…'

제가 태권도장을 운영하는 지역은 송도 국제도시입니다. 그 안에서도 '웰카운티'라는 브랜드명의 아파트 4개 단지. 총 3,000세대가 마을을 이루고 있습니다. 그래서 우리 마을을 지칭할 때 '송도 웰카운티'라고 합니다.

네이버에 '송도 웰카운티 태권도'라고 검색했을 때 '통합', 'VIEW', '이미지', '지식IN', '동영상' 등의 항목에 우리 태권도장이 많이 노출된다면, 그보다 좋은 홍보는 없다고 생각했습니다. 그래서 공부했지요. 알게 된 최고의 방법은 네이버 블로그에 포스팅을 하는 것이란 사실을 알게 됐습니다. 사진이나 영상을 올리는 거라면, 어차피 평소에 엄청나게 촬영하고 있으니 올릴 것은 차고 넘쳤습니다.

"관장님은 어떻게 그렇게 글을 잘 써요?"

지금은 이런 말도 안 되는 말을 들을 정도로 그동안 작문 실력이 늘었지만, 초반의 글은 정말 제목 정도만 있었고 사진과 동영상으로만 올렸습니다.

하루에 1, 2개 이상 어떤 날은 5개 이상 포스팅하기도 했습니다. 검색창에 우리 송도 하늘 태권도가 멋지게 노출되기를 바라면서요. 그런데 블로그를 시작하고 포스팅을 본격적으로 하더라도 바로 검색이 되지 않더라고요. 하도 답답해서 포털 측에 항의도 했습니다.

"아니 도대체 왜 노출이 안 되나요? 손가락이 아플 정도로 얼마나 포스팅하는데요!"

꾸준히 포스팅하여 자료의 양이 많아지면 검색될 확률이 높아진다는 원론적인 답변만 들었습니다. 별수 있나요. 하라는 대로 꾸준히 포스팅하며 하루에도 몇 번을 검색창에 '송도 하늘 태권도'나 '송도 태권도', '송도 웰카운티 태권도' 등을 검색해 보았습니다.

별다른 소득 없이 '언젠가는'의 희망을 품고 있던 어느 날이었습니다. 평소와 같은 검색어로 네이버에 검색하니 지금까지와는 판이한 검색 결과가 나왔습니다.

통합검색 결과에서 각 부분별로 간략히 노출되었습니다. VIEW 검색 결과에는 제가 포스팅한 내용이, 이미지 검색 결과에는 제가 올린 우리 태권도장 이미지가 '어마어마'하게 노출되었습니다. 동영상 검색 결과도 마찬가지였지요.

지금 바로 네이버 검색창에 '송도 태권도', '송도 하늘 태권도', '송도 고등학생 태권도', '송도 중학생 태권도', '송도 초등학생 태권도', '송도 유치원 태권도', '송도 유아 체육', '송도 유아 운동' 등 자녀를 태권도에 보낼 생각이 있는 학부모가 되어서 검색해 볼 만한 단어로 검색해 보세요. 왜 '어마어마'라는 단어를 사용했는지 이해될 겁니다.

08

초대박 활용법, '네이버를 넘어! 모든 포털이 광고해 주는 우리 학원'

네이버의 모든 검색 부분에서 상당한 노출 효과가 있지만, 그중에서도 이미지, 동영상 부분에서는 압도적인 노출이 나타납니다. 꾸준히 포스팅하니, 마치 네이버라는 엄청난 포털 사이트가 우리 하늘 태권도장 전용 사이버 앨범이 아닌가 하는 착각을 일으킬 정도입니다.

되짚어 보면 본격적으로 노출이 된 시점은 첫 포스팅 후 약 100번쯤의 포스팅을 했을 시점인 것 같습니다. 서두에도 언급하였지만, 요즘은 검색이 생활화되었습니다. 제가 태권

송도태권도
통합
동영상
지도
VIEW
뉴스
#송도 태권도 하늘 태권도-초등 태권도 수련 (2)
공감능력과 창의...
네이버 블로그
1일 전
00:04
#송도 태권도 하늘 태권도-수요생활학교놀이체육Day...
공감능력과 창의...
네이버 블로그
2020.01.24.
00:48
#송도 태권도 하늘 태권도-수요생활학교놀이체육Day...
공감능력과 창의...
네이버 블로그
2019.12.21.
00:24
송도태권도 하늘태권도 토요이벤트 #9월 생일 파티+영...
공감능력과 창의...
네이버 블로그
2019.09.22.
00:20
#송도태권도 하늘태권도 일요이벤트 #10월 국기원승...
공감능력과 창의...
네이버 블로그
2019.10.20.
00:33

송도태권도
최신
고화질
GIF
송도태권도 하늘태권도-정규태권도수련 유아태권도 초등태권도(송도웰카운티태...
공감능력과 창의력 송도하늘태권도 아빠...
송도태권도 하늘태권도-정규태권도수련 유아태권도 초등태권도(송도웰카운티태...
공감능력과 창의력 송도하늘태권도 아빠...
송도태권도 하늘태권도-정규태권도수련 유아태권도 초등태권도(송도웰카운티태...
공감능력과 창의력 송도하늘태권도 아빠...
송도태권도 하늘태권도-토요유아전용태권도수련(17.9.23)(송도웰카운티태권도 ...
공감능력과 창의력 송도하늘태권도 아빠...
송도태권도 하늘태권도-토요유아전용태권도수련(17.10.14)(송도웰카운티태권도...
공감능력과 창의력 송도하늘태권도 아빠...

도장을 처음 다닌 '쌍8'년도 때처럼 무턱대고 자녀의 손목 부여잡고 학부모가 태권도장의 문을 두드리지 않습니다.

보낼 생각 있다면 검색이 최우선입니다. 그리고 사람마다 다를 수 있지만, '백문이 불여일견'이라고 눈으로 보이는 것이 가장 좋지요. 이미지와 동영상 카테고리에 우리의 그것들로 도배되다시피 되어 있으니, 그 효과는 상상을 초월합니다.

이 효과는 모든 연령대의 원생 모집에 탁월한 효과를 내지만, 특히 성인 태권도 홍보에 있어서 압도적입니다. 직전에도 인스타그램 등 SNS의 활용, 효과에 대해 말씀드렸지만, 네이버 검색의 효과는 더욱 뛰어납니다.

대부분 학원 원생의 주된 연령대가 미성년자입니다. 미성년자는 거리가 멀다면 아무리 뛰어난 학원이라도 등록하기가 어렵습니다. 따라서 미성년자를 대상으로 하면 학원 근처 자원만을 보고 운영합니다.

하지만 성인의 경우에는 다르죠. 성인들, 조금 더 확장하면 고등학생들까지는 '송도국제도시'라는 거대한 상권을 고려하기 때문에 이점에 중점을 두어 학원을 운영하고 있습니다.

송도에 거주하거나 직장에 다니는 성인도 태권도 수련을 생각한다면, 가장 먼저 하는 일은 검색일 것입니다. 이때 검색어를 뭐라고 입력할까요? 대부분이 '송도 태권도' 또는 '송도 성인태권도'라고 검색하지 않을까요? 그렇다면 또 네이버 검색창에 '송도 태권도' 또는 '송도 성인태권도'라고 검색해 보세요. 보시기 전에 마음의 준비 단단히 하시고요.

놀라우십니까? 하지만 아직 놀라실 일이 남았습니다. 이번에는 네이버와 더불어 우리나라 양대 포털인 '다음'에 같은 검색어로 검색해 보세요. 전 분명히 네이버 블로그에만 포스팅했는데, 다음까지 네이버 못지않게 노출됩니다. 네이버, 다음 외에 다른 포털도 마찬가지입니다.

상황이 이러니 인천 송도라는 지역에서 태권도를 생각하는 성인들은 거의 모두 우리 태권도장을 고려하게 됩니다. 혹 글을 읽고 계신 분들 중에 '인천 송도'라는 지역의 규모가 가늠이 안 되실 분들을 위해 검색해 보았습니다.

[출처-나무 위키]

송도 국제도시의 전체 면적은 약 53.4km²로서 경기도 부천시와 거의 동일한 크기이며, 계획대로만 된다면 인구는 내국인 18만 명, 외국인 7만 명 정도로 약 25~26만 명이 될 예정이다.

인구 증가 속도가 빨라지고 있으며, 2019년 12월 주민등록 조사에 의하면 현재 인구는 약 15만 5천 명이다.

이번 글의 원제는 '날개 달기'였습니다. 열심히 촬영하고 정리하여 남긴 사진과 동영상에, 날개를 단다는 뜻에서 '날개 달기'라고 했었지요. 하지만 소중한 사진과 동영상은 정작 우리의 학원에 날개를 달아주게 될 것입니다.

그 업체가 태권도장 같은 실내 체육시설이든, 실외 체육시설이든, 피아노 미술 같은 예능 학원이든, 보습학원이든, 어학원이든 학부모의 신뢰가 절실한 모든 학원에, 학부모의 마음을 사로잡아야 하는 모든 학원에 날개를 달아줄 것입니다.

4장

/

슬라임 학. 마. 법.

부드러움, 따뜻함으로 마음 사로잡기

부모 마음 얻기 위해,
오늘도 전 찍습니다.

01

당신도 부모가 될 수 있습니다

"관장님은 어떻게 그렇게 학부모의 마음을 잘 아세요?"

제가 학원업 종사자들에게 자주 듣는 질문입니다. 저에게 이런 질문을 하시는 분들은 모두 대단한 분들입니다. 대부분이 본인의 분야에서 학창 시절 선수로 활동하였고, 대학이나 대학원에서 전공 공부를 하신 분들이지요. 그런데 전혀 이 학원업에서 두각을 보이지 못할 것 같은 사람이 두각을 드러내니까 나름 분석했나 봅니다. 그 이유를 '남들보다 학부모의 마음을 잘 알기에'라고 생각했는지, 아니면 여러 경로를 통해 "비(非)선수, 비(非)전공자 출신인 제가 성공한 이유는 학. 마. 법(학부모의 마음을 사로잡는 방법) 덕분입니다."라고 이야기한 것을 기억하셔서 그런 질문을 했을 것입니다.

어찌 됐든, 이유는 간단합니다. 바로 제가 세 아이의 아빠, 곧 부모이기 때문이지요. 여기서 조금 더 나아가 태권도장을 운영하며 학부모를 대할 때, 제가 부모로서 느끼고 생각한 것들을 반영하는 정도입니다. 그런 점이 학부모에게 전달되었을 것이고요.

'내가 학부모라면, 태권도장에서 이렇게 할 때 더 좋아하겠다.'

아마도 세 아이의 아빠이다 보니, 태권도장에서도 '부모처럼' 행동하는 것이 수월한가 봅니다. 저는 이것이 태권도 학원 원장으로서의 가장 강력한 무기라고 생각합니다. 저처럼 가정에서 아빠 혹은 엄마인 운영자라면, 학원에서도 '부모처럼' 행동하는 것이 어렵지 않겠지요. 하지만 미혼이나 아직 자녀가 없는 분들은 결코 쉽지 않습니다. 그래서 전 개인의 선택이지만, 우리 학원업 종사자들에게 결혼과 출산은 '복중의 복', '상중의 상'이라 생각합니다. 저와 같은 길을 걷기로 각오한 제자들이나 청년 지도자분과 이야기할 때는 이 점을 꼭 말합니다. 결정은 본인의 몫이지만 말이죠.

그렇다면 현재 미혼인 분들은 학원업을 떠나야 하는 걸까요? 또는 당장 결혼하거나 출산을 해야 할까요? 당연히 아닙니다. 그럴 수도 없습니다. 저 역시 약 10년간을 미혼이자 부모가 아닌 상황에서 태권도 지도를 하고 태권도장을 운영했습니다.

지금은 10년의 아빠 세월과 약 20년의 지도, 운영 경험을 바탕으로 제가 가장 잘할 수 있는 것을 하며 태권도장을 운영하고 있습니다. 물론 전에도 제가 가장 잘할 수 있는 것을 했습니다. 글을 읽고 계신 분들도 마찬가지입니다. 기혼이든 아니든, 부모이든 아니든 본인이 가장 잘할 수 있는 것을 하면 됩니다.

저는 지금의 송도 하늘 태권도장을 2017년에 신설 운영하기 전, 약 7년간을 '연세 제일 태권도장'을 운영했습니다. 연세 제일 태권도장은 원생의 지도나 태권도장 운영 면에서 지금과는 너무나 달랐습니다. 지금의 하늘 태권도장은 아빠같이 지도하고 운영하고 있지만, 전에 운영했던 연세 제일 태권도장은 코치님(?)같이 지도하고 운영했습니다. 학부모나 원생들을 대하고 도장을 운영하는 것에 있어서, 전에는 '실력으로 보여주자!'는 마음이었지만, 지금은 '강함보다 부드러움이다'라는 생각으로 임하고 있습니다.

우리가 상대하는 학부모는 미혼인 사람에게 기혼처럼, 부모가 아닌 사람에게 부모 같은 역할을 요구하지 않습니다. 그렇지만 어떠한 방식으로 지도와 운영을 하더라도 부모의 입장까지 헤아릴 줄 알고, 지도와 운영의 측면에서 그런 모습이 보인다면 더욱 만족할 것입니다.

그렇다면 어떻게 실제 부모가 아닌 사람이 부모의 마음을 알 수 있을까요? 그것은 의외로 간단합니다. 바로, '간접 경험'을 통해서입니다.

간접 경험의 대표적인 것은 독서입니다. 책을 즐겨 읽으시는 분께서는 아시겠지만, 세상에 셀 수도 없이 많은 책이 있습니다. 이 중에서 부모의 마음을 알 수 있는 내용(주로 육아서)을 서술하는 책 역시 셀 수 없이 많습니다. 여러 저자의 책을 읽어볼수록 더 많은 간접 경험을 쌓을 수 있지만, 단 한두 권만으로도 아직 부모가 아닌 지도자가 부모의 마음을 단번에 알 수 있습니다.

다음으론 관찰이 아닐까 싶습니다. 동종업계 종사자 중에는 분명 부모인 사람이 있습니다. 그분들의 지도 방법이나 운영 방법을 기회 될 때마다 유심히 관찰하세요. 그리고 궁금한 점은 반드시 물어보세요.

"이건 왜 이렇게 하시는 건가요? 저 같은 경우에는 이렇게 합니다만."

이런 식으로요. 그럼 부모가 아닌 입장에서 전혀 몰랐던 새로운 깨달음을 얻는 경우가 많을 것입니다.

설문 조사를 통해서도 부모의 마음을 알 수 있습니다. 당연한 말이지만 우리가 대하는 학부모는 100% 부모입니다. 지도하거나 운영에 있어서 지도자와 운영자가 확고한 철학을 갖고 있어야 하고, 또 그것은 당연합니다. 하지만 학부모의 의견을 적극적으로 듣다 보면, 알지 못했던 깨달음, 지도나 운영에 당장 반영해도 손색없는 의견들이 참으로 많습니다. 이 말씀을 들은 한 지인 관장님께서는 다음과 같은 설문조사의 어려움을 말씀하셨습니다.

"설문 조사를 해서 의견을 받았는데, 막상 반영하지 못하면 죄송한 마음이 많이 듭니다. 그래서 시행하기 어렵습니다."

물론 이런 마음이 들 수 있습니다. 하지만 그것은 기우입니다. 그렇게 생각하는 학부모는 그리 많지 않습니다. 그리고 그 점 때문에 설문 조사를 하지 않는 건, 부모의 마음을 알 수 있는 더 큰 이득을 포기하는 것입니다.

아무리 그래도, 전 원생의 학부모를 대상으로 하는 설문조사가 껄끄럽다면, 오랜 기간 관계를 유지해온 친분 있는 학부모 몇 분에게만 여쭤봐도 됩니다.

"어머니, 이번에 이 행사에서 이 부분을 이렇게 할까 하는데, 어머니께서는 어떻게 생각하시는지 궁금합니다. 학부모님들 반응을 살펴보고 싶은데, 모든 학부모님께 문의하는 것보다 특별히 몇 분의 학부모님에게만 여쭤보려고요."

이 말을 들으신 학부모는 기분이 어떠실까요? 기분 나쁘기보단, 많은 학부모 중에서도 본인이 '특별 대우' 같은 것을 받는 기분이 들지 않을까요?

저는 참으로 부족한 사람입니다. 이런 제가 남들보다 조금 더 '부모처럼' 행동하기에, 저보다 대단한 분들에게 학원업에 대해 조언하고 있습니다.

부모처럼 지도하고 운영하는 것이 흔한 말로 먹히는 것은, 자녀를 태권도 학원에 보내는 학부모들이 자녀가 태권도 선수가 되길 바라는 마음으로 보내는 것이 아니기 때문입니다. 피아노 학원에 자녀를 보내는 학부모는, 자녀가 세계적으로 유명한 피아니스트가 되길 바라는 마음에 보내는 것이 아닙니다. 미술 학원에 자녀를 보내는 학부모는 자녀가 '반 고흐'나 '피카소' 같은 역사에 이름을 남길 미술가가 되길 바라는 마음에 보내는 것이 아닙니다. 물론 극소수로 그것을 추구하는 원이나 학부모들도 있지만, 저는 극소수가 아닌 99% 정도의 학부모와 업체를 이야기하는 것입니다.

그렇기에 어느 시대든지, 어떤 지역이든지, 무엇을 가르치든지 학부모가 인지할 정도로 부모 같은 마음으로 임한다면, 흥하지 않을 수 없을 것입니다.

02

우리에게는 단단함보다는 부드러움이 더 좋습니다

노자의 스승이 말년에 임종이 다가오자, 마지막 가르침을 전할 목적으로 제자들을 부릅니다. 제자들이 둘러앉자, 노자의 스승은 입을 벌리고, 안을 들여다보라고 합니다. 그리곤 질문합니다.

"뭐가 보이느냐?"
"혀가 보입니다."
"그럼, 이는 보이지 않느냐?"
잠깐의 침묵 후, 한 제자가 대답합니다.

"스승님의 치아는 모두 빠지고 하나도 남지 않았습니다."

스승은 제자들에게 천천히 말합니다.

"그럼 이는 다 빠지고, 혀만 남아있는 이유를 알겠느냐?"

한동안의 침묵 후, 제자 중 노자가 대답합니다.

"이는 단단하기에 빠져버리고, 혀는 부드러운 덕분에 오래 남아있는 것이 아니겠습니까?"

그러자 스승은 고개를 끄덕이며 말합니다.

"그렇다. 부드러움이 단단함보다 더 오래간다는 것. 그것을 명심하여라."

시간이 흘러 노자는 많은 눈이 내려, 나뭇가지에 눈이 소복이 쌓인 숲길을 지나갑니다. 길을 가던 중 무슨 소리에 위를 보니, 그 소리는 굵고 튼튼해서 단단해 보이는 가지들이 눈의 무게를 이기지 못하고 부러지는 소리였습니다.

반면 가늘고 길어 부드러워 보이는 가지들은 눈이 쌓여 감에 따라 고개를 푹 숙여 눈을 털어내고 다시 일어서는 거였지요. 노자는 오래전 스승의 가르침을 생각하고 이런 명언을 남깁니다.

"부드러움이 곧 강한 것을 이기는 법이니라."

2004년 24살의 나이에 본격적인 태권도 지도자 생활을 시작했습니다.

2011년에 원장이 되어 '연세 제일 태권도장'을 운영하였습니다.

2017년에 현재의 송도 하늘 태권도장을 오픈하여 운영하고 있습니다.

연세 제일 태권도장은 생긴 지 20년 정도 된 태권도장을 인수하였습니다. 태권도장 운영은 처음이었기에 노하우보다는, 젊음에서 비롯된 열정으로 운영했던 거 같습니다. 권리금을 주고 인수하여 처음부터 약 70명 가량의 수련생이 있었습니다. 지금도 그렇지만, 많은 면에서 부족했습니다. 더욱이 저는 비선수, 비전공자 출신이니까요. 그래서 제가 선택한 건 '센 척', '아는 척', '있는 척' 그리고 '단단함'이었습니다.

연세 제일 태권도장을 인수하고 초반에는 어린아이들은 그렇다 쳐도, 초등 고학년이나 중, 고등학생들을 다루기가 보통 어려운 일이 아니었습니다. 그래서 굳어진 지도 방식이 항상 아이들 앞에 설 때면 웃음보단 인상을, 칭찬보단 윽박지르기였습니다. 큰아이들을 다룰 땐 더욱 그렇게 해야 한다고 생각했습니다.

모든 아이들을 그 아이가 어렸을 때부터 지도한 것이 아니라, 초등 고학년이나 중, 고등학생 때 처음 만났기에 더욱 그랬던 듯합니다. 그 시절에는 '태권도장에서는 태권도만 잘 가르치면 된다!'는 가치관으로 도장을 운영했습니다. 물론 이런 생각이 틀렸다는 것이 아닙니다. 태권도장에서는 태권도를 잘 가르치는 것은 당연합니다. 하지만 '어떻게'가 정말 중요합니다.

2017년 6월 현재의 송도 하늘 태권도장을 신설 오픈했습니다. 수련생 0명에서 시작했습니다. 하늘 태권도장의 시작을 함께한 아이들은, 여자아이, 유아, 다른 태권도장에서 경험 후 태권도에 대한 거부 반응을 보이는 친구 등이 대부분이었습니다. 그렇기에 학부모들은 아이가 태권도장을 다니면서, '제대로 된 태권도 수련을 통한 실력 향상'보단, '운동이 부족한 아이에게 즐겁고 안전한 운동'의 경험을 하도록 하는 것을 원하셨습니다.

또한, 신설 도장이다 보니 태권도장의 정보가 없기에, 수업을 진행해보고 여차하면 그만둘 여지를 두는 경우도 다분히 많았습니다. 이런 상황에서 지금까지의 지도 스타일인 '단단함'을 고수할 수는 없었습니다. 필연적으로 그동안의 태권도 지도 스타일이었던 '단단함'을 버리고, '부드러움'으로 변모하게 되었습니다.

저의 지도 스타일이 '부드러움'으로 변모하게 된 또 다른 큰 이유는 바로, 제가 세 아이의 아빠가 되었다는 사실(가끔 아직도 믿기지 않지만)입니다. 연세 제일 태권도장을 인수할 당시, 아내가 첫아이 '별이'를 임신한 상태였습니다. 연세 제일 태권도장을 운영하고 3년 만에 둘째 '우주'가 태어났습니다. 셋째 '하늘'이를 임신한 상태에서 하늘 태권도장이 신설되었습니다. 자녀가 늘어나고, 자녀가 성장하고, 어린 자녀와 함께하는 시간이 늘다 보니, 모든 이 땅의 부모님들이 그렇듯 아이들을 사랑하는 마음은 커져만 갔습니다. 자연스레 단단하던 저의 본 모습조차, 부드러움으로 변화되었습니다. 연세 제일 태권도장 운영 말미에는 가정에서 아빠로서의 제 모습과 태권도장에서 관장으로서의 제 모습 사이에 큰 괴리감이 느껴져 힘들기도 했습니다.

지금의 송도 하늘 태권도장에서 아이들과 함께 최대한 부드러운 모습으로, 나의 자녀들인 별이, 우주, 하늘이를 대하듯 태권도장 아이들을 대하다가 깨달았습니다.

'단단함보단 부드러움이구나…'

17년 6월에 송도 하늘 태권도장이 신설되었습니다. 인천 사교육의 일 번지 송도에, 입주 신설 태권도장도 아니고, 그렇다고 도장 면적이 평균은 고사하고 20평을 조금 넘는 좁은 면적에, 지역 특성상 고가의 상가 임대료에, 직선거리 1M의 옆 건물에 선수 출신 태권도 전공자 관장님이 운영하는, 우리 도장보다 5배나 더 되는 면적의 경쟁 도장이 있는 이런 상황에서요.

주변 사람 모두 말렸습니다. 심하게 이야기하면, 어떤 분은 '미쳤다'라고도 이야기했습니다. 하지만 사람 중에선 단 두 사람 바로, 저의 스승님이신 김용남 스승님과 저의 아내는 하늘 태권도장의 가능성을 믿어 주었으며 지지해 주었습니다. 그리고 무엇보다 주님께서 인도하셨다고 믿었기에, 하늘 태권도장을 시작하였습니다.

한없이 부족한 제가 운영하는 하늘 태권도장이 지금까지 이렇게 잘 운영되는 데는 여러 이유가 있겠지요. 그중 큰 비중을 차지하는 한 가지는 '부드러움'이라고 생각합니다.

"부드러움이 곧 강한 것을 이기는 법이니라."

– 중국의 사상가 노자 –

03

안녕하세요. 하늘 어머니!

학부모의 마음을 사로잡는 방법 중 정말 간단하지만, 그 효과는 절대 무시 못 할 방법을 말씀드립니다. 바로 '착신 전환'입니다. 단어에서부터 그 간단함이 느껴지네요.

어디든 대표 전화가 없는 곳은 없습니다. 대부분의 대표 전화는 지역 번호로 시작하는 유선 전화입니다. 요즘은 핸드폰으로 인해 유선 전화가 전 만큼 큰 역할을 하는 것 같지 않습니다만, 그렇다 하더라도 아직 거의 모든 업소의 대표 전화는 유선 전화입니다. 우리 하늘 태권도장도 032-859-○

○○○의 대표 유선 전화가 있습니다. 물론 예쁜 전화기도 있습니다. 하지만, 이렇게 예쁜 전화기가 울리는 일은 없습니다. 3년 전 전화를 개통할 당시 작동 여부를 확인하기 위해 울렸던 벨 소리가 처음이자 마지막이었습니다.

그렇다면, 우리 태권도장에는 전화가 전혀 오질 않을까요? 당연히 그렇지 않습니다. 아무리 메시지의 역할이 커졌다고 해도, 하루에 수십 통의 전화가 걸려옵니다. 하지만 저는 태권도장 대표 유선 전화로 오는 전화를 저의 핸드폰으로 '착신 전환'해 두었습니다. 그래서 우리 태권도장 대표 유선 번호로 전화를 하든, 핸드폰으로 전화를 하든 무조건 핸드폰이 울립니다. 물론 이 핸드폰은 제가 메인이 되어 수업을 지도할 때를 제외하곤 항상 소지하고 있습니다.

그럼 이제 착신 전환의 여러 가지 이점을 알아보겠습니다. 이점들로 인해, 간단한 '착신 전환'이 어떻게 학부모의 마음을 사로잡는지 알게 될 것입니다.

첫 번째 장점이자 가장 큰 장점은 연락한 상대방이 누군지 확실하게 알 수 있다는 것입니다. 물론 이 기능을 지원하는 유선 전화기도 있지만, 핸드폰의 그것과는 여러 면에서 효율이 떨어집니다. 저는 휴대전화에 알게 된 거의 모든 연락처를 저장합니다. 그 연락처들은 현재 우리 태권도장 학부모나 전에 도장에 자녀를 보내셨던 학부모 또는 상담 전화 등으로 알게 된 미래의 우리 도장 학부모의 연락처가 대부분일 겁니다. 더불어 요새는 초등학생만 되더라도 거의 모든 아이가 휴대폰을 가지고 있기에, 원생들의 연락처도 많이 저장되어 있습니다. 이렇게 저장을 해 두었기 때문에 누군가 태권도장에 전화를 걸었을 때, 상대방을 확실하게 알 수 있지요.

만약 착신 전환하지 않아서 태권도장 유선 전화로 걸려온 전화를 받는다면,

'따르릉'

"안녕하세요. 하늘 태권도장입니다."

"네, 안녕하세요. 하늘이 엄마입니다."

"네? 하음이요?"

"아니요, 하늘이 엄마요."

"아, 네 하율이요. 어머니 안녕하세요."

"아니요. 사범님 '하늘'이 '김' '하' '늘' 어린이요!"

"아. 네. 죄송합니다. 하늘 어머니"

"아니에요. 하늘이 수업 끝나면 차 타지 말고 태권도장에서 잠시만 기다리라고 좀 해주세요."

"네 알겠습니다!"

"하늘입니다. '하' '늘'이요!"

"아. 네!"

결코, 과장해서 지어낸 이야기가 아니란 걸 아시죠? 이런 비슷한 경험 많으실 겁니다. 태권도장 같은 실내 체육시설은 항상 활기차며 시끄럽습니다. 더욱이 원생 중에 비슷한 이름이 여럿이라면 이런 곤란한 상황은 자주 발생합니다. 학부모와 통화를 자주 해서 학부모의 음성을 어느 정도 파악하고 있는 관장님이나 사범님이라면 이렇게까지 곤란한 상황을 자주 겪지는 않겠지요. 하지만 새로 오신 사범님, 선생님이라면 일정 기간이 지나갈 때까지는 전화를 받을 때마다 이런 유사한 상황이 발생합니다.

"관장님, 전화 받는 게 두렵습니다. 제발 전화는 안 받으면 안 될까요?"

이런 말이 나올 수 있습니다. 벌써 여러 번 들어보신 관장님, 원장님도 계시지요? 저 역시 예전에 이런 말을 했었고, 들은 적도 여러 번 있습니다. 하지만 모든 전화를 관장님 혹은 원장님, 운영자가 받을 순 없습니다. 우리 태권도장도 제가 수련을 지도할 때 걸려오는 전화는 사범님들이 받습니다.

그렇다면 착신 전환을 해서, 상대방을 알고 전화를 받게 되면, 어떤 상황이 연출될지 짐작되시나요?

'따르릉'

"네 하늘 어머니 안녕하세요!"

"네, 사범님. 안녕하세요. 하늘이 끝나면 차 타지 말고, 태권도장에서 잠깐 엄마 기다리라고 해주세요."

"네, 알겠습니다."

통화는 끝났습니다. 위의 두 사례에서 보듯, 착신 전환하지 않은 상태에서 일어나는 상황은 전혀 유쾌하지 않습니다. 학부모만 유쾌하지 않을까요? 전화를 받은 사범님이나 선생님도 유쾌하지 않습니다. 학부모의 그 유쾌하지 않은 기분을 대수롭지 않게 여길 분도 있겠지만, 전 그렇게 생각하지 않습니다. 이것이 우리에 대한 신뢰로까지 이어진다고 봅니다. 다음의 예를 보겠습니다.

'따르릉'
"아, 별이 어머니 안녕하세요."
"앗, 네. 안녕하세요. 전 줄 어떻게 하셨어요?"

전 이런 경우가 참 많습니다. 이때, 전화를 건 학부모가 현재 우리의 학부모라면 '그러려니' 할 수 있습니다. 그러면 이렇게 전화 받는 것에 대하여 좋게 볼 가능성이 큽니다. '이런 것까지 신경 쓰시네. 꼼꼼하시네.' 이런 것들이 학부모의 마음을 사로잡습니다.

또한, 전화를 건 상대가 예전에 전화로 등록 상담을 했던 학부모라든지, 그만둔 지 꽤 오래된 아이의 학부모인 경우라면, 이 간단한 착신 전환 하나가 우리의 수익에 간접 혹은 직접적인 도움이 된다고 봅니다.

04

확실하고 빠른 일 처리는 확실하고 빨리 마음을 사로잡습니다

'착신 전환'의 또 다른 장점은 일 처리의 '일사천리'입니다. 이번 장점은 학원의 외적, 내적 규모에 있어서, 전국의 태권도장 중 단 몇 % 비율의 대형, 초대형, 초 초대형 학원에는 해당되지 않을 수도 있습니다. 하지만, 전국의 거의 모든 학원에 해당하는, 원장 포함 선생님 2~4명, 차량 운행 대수 1, 2대 정도 규모의 학원이라면 학부모의 신뢰를 쓸어 담을 수 있는 장점입니다.

학원에 전화를 건 학부모는 뭔가 용건이 있기에 전화를

걸었을 것입니다. 그 용건은 아주 간단한 경우가 대부분입니다.

"수업 후 잠깐 기다려 달라고 해주세요."
"끝나면 엄마한테 전화 달라고 해주세요."
"오늘은 어디 어디로 오라고 해주세요."

하지만 신상 상담, 항의, 요구 등 뭔가 굵직한 용건인 경우는 학원의 총 책임자인 원장이 해결해야 합니다. 태권도장에 전화를 건 학부모가 사범님을 찾을 목적으로 전화를 거는 경우는 거의 없습니다. 또한, 아무리 간단한 용건이라도 총책임자인 관장이 직접 챙기는 것을 싫어할 학부모는 없겠지요. 학부모의 신뢰는 그 누구보다 관장이 더 많이 챙겨야 하지 않을까요?

웬만한 전화를 관장이 직접 받고, 용건을 챙기면 거의 모든 일이 일사천리로 진행됩니다. 최종 결정권자는 관장님이잖아요.

[사례 1-1]

'따르릉'

"네 하늘 어머니 안녕하세요. 박 사범입니다."

"네 사범님 안녕하세요. 우리 하늘이가 원래 운동하는 시간 말고 그 뒤 시간으로 옮기길 희망하는데, 혹시 괜찮을까요?"

"아, 네 어머니 그렇군요. 잠시만요 관장님 바꿔 드릴게요."

"네."

"하늘 어머니 안녕하세요. 관장입니다."

"네 관장님 안녕하세요. 우리 하늘이가 원래 운동하는 시간 말고 그 뒤 시간으로 옮기길 희망하는데, 혹시 괜찮을까요?"

"네, 가능합니다."

[사례 1-2]

'따르릉'

"네 하늘 어머니 안녕하세요. 박 사범입니다."

"네 사범님 안녕하세요. 우리 하늘이가 원래 운동하는 시간 말고 그 뒤 시간으로 옮기길 희망하는데, 혹시 괜찮을까요?"

"아, 네 어머니 그렇군요. 그런데 그 점은 관장님께서 결정하셔야 하는데, 마침 관장님께서 자리를 비우셨습니다. 제가 꼭 전하겠습니다."

[사례 1–3]

'따르릉'

"네 하늘 어머니 안녕하세요. 관장입니다."

"네 관장님 안녕하세요. 우리 하늘이가 원래 운동하는 시간 말고 그 뒤 시간으로 옮기길 희망하는데, 혹시 괜찮을까요?"

"네 가능합니다."

[사례 2–1]

'따르릉'

"네 우주 어머니 안녕하세요. 김 선생입니다."

"네 선생님 안녕하세요. 혹시 죄송한데, 원장님과 통화 가능할까요?"

"네 어머니 지금 원장님께서 잠시 자리를 비우셨습니다. 무슨 일 때문에 그러세요? 제가 전달하겠습니다."

"아니에요. 언제쯤 들어오세요? 제가 다시 전화할게요."

[사례 2-2]

'따르릉'

"네 우주 어머니 안녕하세요. 김 선생입니다."

"네 선생님 안녕하세요. 혹시 죄송한데, 원장님과 통화 가능할까요?"

"네 어머니 지금 원장님께서 잠시 자리를 비우셨습니다. 무슨 일 때문에 그러세요? 제가 전달하겠습니다."

"그게… 정말 죄송하지만, 이번 달 우주의 원비를 일주일 정도 늦게 입금할 것 같아서요. 그래서 양해를 구해야 할 것 같은데, 괜찮을까요?"

"네 어머니. 그 부분은 원장님께서 결정하실 문제라서요. 제가 잘 전달하겠습니다."

"네…" (그래서 내가 원장을 찾았잖아!)

[사례 2-3]

'따르릉'

"네 우주 어머니 안녕하세요. 원장입니다."

"네 원장님 안녕하세요. 우주 엄마예요. 다름이 아니라 그게… 정말 죄송하지만, 이번 달 우주의 원비를 일주일 정도 늦게 입금할 것 같아서요. 그래서 양해를 구해야 할 것 같은데, 괜찮을까요?"

"죄송하긴요. 물론 괜찮지요. 일주일 아니라 더 늦게 주셔도 됩니다. 감사합니다!"

위의 사례들에서 보일 겁니다. 일 처리의 '일사천리'가 말이죠. 또 이로 인해 쌓이는 학부모의 신뢰도 보이시나요?

이 외에도 착신 전환으로 얻을 수 있는 장점, 그로 인해 얻게 되는 학부모의 신뢰는 참 많습니다. 그중 대표적인 것이 차량 운행 시의 장점인데, 그 부분은 이어지는 '하면 할수록 학부모의 신뢰를 쌓는 차량 운행'에서 자세히 다루었습니다.

혹시 학부모의 전화를 어떤 이유에서든지 일부러 피하시는 관장님 혹은 원장님, 운영자이거나 학원이 너무 커서 본인의 학원에 누가 다니는지도 모를 정도의 원장님이 아니라면 착신 전환을 강력히 추천합니다.

05

제 아내와 학부모는 정말 바쁩니다

감사하게도 저보다 젊은 2, 30대 초 · 중반의 학원업 종사자들을 만날 기회가 종종 있습니다. 많은 대화를 하며 그들에게 금과 같은 것들을 얻습니다. 제가 못 할 생각들, 행동들, 에너지 등을 받으며, 저는 어쭙잖은 조언을 하곤 합니다. 얼마 전 30대 초반의 아직 미혼인 박 관장님께서 이런 말씀을 하시더라고요.

"저는 앞으로 학부모와 더욱 깊이 있는 소통을 위하여, 전화 상담을 신경 써서 할 예정입니다. 그래서 하루에 무조건

10명 정도는 꼭 전화 상담을 하려고요."

"그렇군요. 그럼 전화하셔서 무슨 말씀 하시려고요?"

"네, 예를 들어 이런 거요. '어머니 요즘 개똥이 수련 태도 정말 좋아졌습니다.' 또는, '요즘 길동이가 태권도 품새에 대한 자신감이 엄청납니다. 집에서 칭찬 많이 해주세요.' 또는, '요즘 결석이 잦던데 혹시, 저는 모르지만 제가 알고 있으면 좋을 법한 무슨 일이 있을까요?' 등의 이야기나, 태권도장 내 이벤트 안내나, 국기원 심사 안내 같은 것들요."

"좋네요. 그럼 혹시 그런 전화를 언제 하시려고요? 하루에 열 분 정도 통화하려면 시간 내기가 만만치 않을 텐데요."

"네, 그래서 통화는 5분 정도만 하려고요. 매일 오전 10시 30분쯤에 도장에 출근하니까, 하루 중 상대적으로 여유 있는 오전 11시부터 한 시간 정도, 또는 도장 운영으로 정말 정신 없는 오후 시간 지나고, 저녁 8시쯤에 하려고요. 모든 일이 마무리되는 저녁 10시 30분쯤이 좋긴 한데, 아무래도 그 시간에 전화 드리는 건 좀…"

거의 모든 학원업 종사자가 박 관장님과 비슷한 일과를 보낼 것입니다. 또한, 박 관장님께서 하는 바람직한 생각 즉,

'부모님과 더욱 깊이 있는 소통'에 공감할 것이며, 그것을 위해 온갖 노력을 할 것입니다.

여기서 잠깐 제 아내 이야기를 해보겠습니다.

아내는 2020년 현재 4살, 7살, 9살의 엄마입니다. 우리가 수시로 상대하는 학부모인 거지요. 아내는 오전 7시경 일어납니다. 하루 4~6시간 자는데, 8살 첫째만 통잠을 자며, 7살 둘째, 4살 셋째 아이는 자다가 수시로 깹니다. 그때마다 아내는 같이 깹니다.

어린 세 아이의 엄마인 아내는 참 많고도 많은 일을 합니다. 또한, 별일이 다 벌어집니다. 때문에, 아내는 항상 피곤하지요. 아내를 보자면, '세상에서 제일 힘든 일이 육아'라는 말은 곧 진리임을 깨닫습니다.

오전 7시에 기상하여 아이들을 각자 학교, 유치원, 어린이집에 모두 등교, 등원시키는 9시 30분 정도까지는 정말 눈썹 휘날립니다. 그래도 이런 경우는 아주 순탄하고 양호한, 할 만한 오전이지요. 누구 하나 '콜록'거리거나 '훌쩍'거려 병원이라도 가는 날이면, 오전 10시나 11시까지 휘날립니다. 그리고나면 해도 해도 끝이 없는 '집안일'의 향연입니다. 물론, 그사이에 짬을 내어 '꿀 같은 휴식'을 취할 수도 있겠죠. 하지만 그 휴식은 아내에게 적절한 보상이 될 수 없을 것입니다.

오후부터는 더욱 긴~ 시간 눈썹이 휘날립니다. 아이들 하원, 귀가시키기, 놀리기, 저녁 식사, 공부나 과제 봐주기, 씻기기, 취침 준비, 취침 후 다음 날 준비 등등 보통 오후 11, 12시는 돼야 하루가 마무리됩니다. 정말 종일 눈썹이 휘날립니다.

위 이야기는 저의 아내에게만 국한된 이야기는 아닐 것입니다. 전업주부의 하루가 이렇다면, 워킹맘은 어떨까요? 워킹맘들은 근무시간을 제외해야 하기에, 전업주부들보다 제한되고 한정된 시간에 이 모든 것들을 해야 합니다. 눈썹이 휘날리다 못해 빠져나갈 지경일 겁니다.

이렇듯 우리가 대하는 학부모는 기본적으로 하루가 정말 바쁩니다. 더욱이 우리가 앉아서 학부모와 전화 상담을 할 수 있는 시간인, 박 관장님께서 말씀하신 오전 시간과 저녁 시간에는 학부모들이 가장 바쁜 시간대입니다. 생각해 보세요. 한창 눈썹이 휘날리고 있는데, '따르릉' 하고 전화벨이 울립니다. 상대가 누군지 모르면 아마 안(못) 받을 겁니다. 그런데 요즘은 상대가 누군지 다 압니다. 학원 원장님 혹은 선생님, 태권도 관장님이나 사범님께 온 전화라면 그 눈썹이 휘날리는 상황에서라도 전화를 받습니다. '어머, 웬일이시지? 무슨 일이 있나? 혹은 있었나?'라는 생각을 하면서요. 보통 우리가 학부모에게 전화하면, 학부모는 '그냥 안부 차원의 연락이겠지?'라고 생각하지 않습니다. 그런데 막상 전화를 받아 보니,

"어머니 요즘 개똥이 수련 태도 정말 좋아졌습니다."

"요즘 길동이가 태권도 품새에 대한 자신감이 많이 상승했습니다. 집에서 칭찬 많이 해주세요."

"요즘 결석이 잦던데 혹시 제가 알고 있으면 좋을 듯한 무슨 일이 있나요?"

등의 이야기이거나, 원 내 공지사항 등이라면 속상하지 않

을까요? 그 전화는 정말 눈썹이 휘날릴 정도의 상황에서 만사를 제쳐두고 받은 거였습니다.

"아… 네…, 관장님…"

06

때로는 전화보다 메시지가 좋습니다

앞 글의 마지막 상황에서 학부모는 대놓고 말은 못 하지만, 아주 기분 좋게 전화 건 우리 같지는 않을 겁니다. 이렇듯 순효과를 노렸는데, 오히려 역효과를 얻을 경우가 많을 것입니다. 물론, 학부모와 적극적으로 소통해야 하며, 예를 든 내용은 중요합니다. 하지만 제가 이야기하는 것은, 눈썹이 휘날릴 정도의 상황에서 만사를 제쳐두고 통화할 내용은 아니다 이거죠. 그러면 어떤 대안이 있을까요?

제가 한창 사범 생활을 할 때인, 2000년대에는 거의 모든 상담을 전화로 했습니다. 정말로 하루 10여 명의 학부모를 정해두고 상담을 했었죠. 하지만 요즘이 어떤 세상입니까? 시대가 변했으니, 학부모와의 상담 방법도 변해야 하지 않을까요? 저는 친분이 있는 지도자들에게 조금 과격하게 표현하여, "전화 상담은 미친 짓이다."라고 이야기합니다.

저는 학부모에게 정말 급할 때, 혹은 꼭 전화 통화를 해야만 하는 그럴 때만 전화를 겁니다. 그 외에는 모두 카카오톡이나 문자를 이용하지요. "이런 것까지 문자로 안내하나요?"라는 말도 자주 듣습니다.

제가 시간의 여유가 있을 때 문자나 톡을 보내놓으면, 학부모도 여유 있을 때 문자나 톡을 보냅니다. 그래서 저는 오후 11시 이후에도 부모님과 문자나 톡으로 소통합니다. 그때 학부모가 진정으로 여유 있는 시간임을 알거든요. 물론 저도 마찬가지입니다. 간혹, 오전 출근 중이거나, 아이들을 학교나 유치원, 어린이집에 등원시키기 전인, 오전 6, 7시쯤의 이른 아침에도 문자나 톡을 하는 분들도 있습니다. 꼭 저에게 전해야 하는 건데, 학부모는 그때 아니면 안 되는 거지요.

저도 세 아이의 아빠이다 보니 그 시간에 일어나 있고, 혹시 자는 중이라도, 문자나 톡이 방해되기는커녕 이해합니다.

'오죽했으면, 지금 연락하실까?'

이런 것들이 진정으로 '학부모와 더욱 깊이 있는 소통'이 아닐까요?

어느 원장님께서는 이렇게 말씀하십니다.

"얼굴도 자주 못 뵈는데, 전화라도 자주 해야지. 그리고 전화하면서 진짜 목소리를 들으며 상담해야, 거시기한 거여~."

네, 일리 있는 말씀입니다.

그 '거시기'한 전화 상담과 병행하시면서, 톡이나 문자로도 소통해보세요. 해보시면, 전화 상담과는 또 다른, 학부모와의 깊이 있는 소통이 되며 신뢰가 쌓일 것입니다.

앞에 언급한 '박 관장님'이나 '어느 원장님' 같은 경우에는, 존경스러울 정도로 학부모와의 상담에 거부감이나 두려움 등이 없거나 극히 적은 분입니다. 그런데, 학부모와 대면이든 전화 통화든, 상담에 상당한 부담을 느끼는 학원업 종사자가 적지 않습니다. 그런 분들에게 SNS를 활용한 상담법은 훌륭한 학부모와의 소통법이 될 수 있을 것입니다.

학부모에게 전화 걸기 전에 한 번 더 생각해 보세요.

'지금 꼭 전화해야 하나?'

그럼에도 불구하고 전화 상담이 꼭 필요한 순간이나 용건이 있습니다. 학부모와의 효율적인 전화 상담을 위해 세계적인 기업가이자, 작가, 동기부여 연사였던 짐 론(Jim Rohn 1930~2009)의 이야기로 글을 마무리하겠습니다.

"…전화를 최대한 효율적으로 사용하는 방법을 분석하는 사람은 드물다. 사실 전화는 그 효율성이 매우 뛰어나지만 동시에 시간을 가장 많이 낭비하게 하는 도구이기도 하다.

(중략)

전화는 집에서조차 다른 사람이 당신의 시간을 좌우하게 할 수 있음을 기억하라. 주의하지 않으면 다른 사람이 가족과 보내는 시간도 침해할 수 있다.

(중략)

걸려오는 전화를 제어하는 것과 더불어 거는 전화도 잘 관리해야 한다. 가장 좋은 방법은 나름대로 규칙을 정해놓고 실천하는 것이다."

-짐 론 저 〈드림 리스트〉 중에서-

07

원비를 움직이면 마음도 움직입니다

성공한 태권도 지도자이자, 학원 운영자인 최호성 원장은 본인의 저서 〈성공하는 태권도장 경영의 7가지 비밀〉에서 이야기합니다.

"학부모의 주머니 부담을 현실적으로 덜어 주는 이런 정책은 반응이 아주 좋다. 이런 정책을 잘 활용한다면 무방비 상태에서 속출하던 퇴관자들을 잘 관리할 수 있을 뿐만 아니라 타 경쟁 도장과는 차별화된 서비스로 학부모들에게 좋은 점수를 얻게 될 것이다."

이런 정책이란, '수련비 감액 제도'를 말하는 것입니다. 이런 정책이 정말 학부모의 마음을 사로잡을 수 있을지, 저의 '수련비 날짜 연기제도'를 알아보며 생각해 보겠습니다.

태권도장은 기본적으로 수련생들에게 태권도를 지도하고 그 대가로 수련비를 받습니다. 그런데, 많은 태권도장이 태권도 지도를 하지 않아도 태권도 수련비를 받습니다. 이런 경우죠,

월~금요일 주 5회의 수련을 받는 수련생이라면, 한 달에 4주이니, 평균 월 20일의 지도를 받아야 합니다. 그런데 수련생이 감기나 여행 등 어떤 사유로 인해, 수련을 못할 경우도 있습니다. 이런 경우 대부분의 태권도장에서는 보충 수련을 하도록 합니다. 하지만, 이 보충 수련이라는 것이 수련생이나 학부모에게는 말처럼 쉽지 않습니다. 주 5회 수련생은, 원래 평일에 항상 태권도장에 오는 수련생이라 보충 수련을 받기 힘듭니다. 못 나온 만큼 보충을 하려면, 하루에 2, 3번의 수련을 해야 합니다. 그나마 주 1회나 2, 3, 4회 수련하는 수련생은 원래 수련 일이 아닐 때 보충을 할 수 있으니, 상

대적으로 보충 수련하기가 수월합니다. 그러나 요즘은 수련생의 나이가 어리든 많든, 하루하루 정해진 일정에 따라 생활하기에, 보충 수련하기가 쉽지 않습니다. 요즘은 어른보다 애들이 더 바쁘니까요.

장기간 결석 후 여의치 않아서 보충 수련을 못 하고 다음 수련비 날짜가 돌아오면, 그냥 어영부영 넘어갑니다. 이때 대부분 학부모는, '우리 사정으로 인해 못한 거니까, 어쩔 수 없지.'라고 생각합니다.

이렇게 생각하지 않는 학부모라도, 관장, 원장 등 운영자에게 직접 이 부분에 대해서 문의하기는 쉽지 않습니다. 물론 제가 아는 거의 모든 학원 운영자들께서는 2주 이상 장기 결석하는 경우에는 다음 달 원비에서 적절한 금액을 감액해주고 있습니다. 제가 이 글에서 말하고 싶은 것은, 2주 이상의 장기 결석이 아닌, 일주일 정도의 적은 날수를 이야기하는 것입니다.

더욱이 태권도장 운영자는 대부분이 관장이라는 이름으로 불리는, 수련생을 직접 지도하는 지도자입니다(태권도장에 연

관된 모든 사람은 관장님, 사범님과 수련생의 관계를 서비스 제공자와 받는 자의 단순한 관계를 넘어 사제지간 즉, 스승과 제자의 관계로 생각합니다), 그리고 그 일수가 적으면 적을수록 더욱 문의하기는 어려울 것입니다. 또한, 운영자도 '우리 때문에 그런 게 아닌데 뭘~', '에이 무슨 몇 주, 몇 달도 아니고, 며칠이나 한 주 정도 갖고 그래.'라고 생각합니다.

이렇듯, 분명히 정해진 수련일 만큼 지도를 안(못) 했음에도, 수련비를 받는 일이 벌어지는 겁니다.

제가 꽉 막힌 사람이라 그런지, 저는 이 부분이 예전 사범 생활하면서도 이해가 안 됐습니다. 그래서 2011년에 운영자가 되어 태권도 학원을 운영할 때부터 '수련비 연기제도'를 시행하였습니다.

예를 들어, 어떤 수련생의 수련비 날짜가 매월 1일이며, 어떤 사유로 인해, 일주일간 수련을 못 한 경우가 발생했습니다. 그러면 수련비 날짜를 기존 매월 1일에서 매월 7일로 연기합니다. 이때, 중요한 점은 학부모가 고민 끝에 먼저 문의를 하지 않도록, 먼저 학부모에게 안내하는 것입니다.

여기에 더해 태권도장 여름 방학이나, 겨울 방학으로 인해 수련 못 한 것까지 연기합니다. 그 덕분인지, 제가 요즘 "관장님 같은 분이 어디 있어요. 정말 좋은 분이세요."란 칭찬을 자주 듣습니다. 이는 곧, 학부모의 마음을 사로잡았다는 것 아닐까요?

아래는 제가 수련비 연기에 관한 메시지를 보내는 방식입니다.

"어머니 하늘이가 지난주 여행으로 인해 일주일간 수련을 못 받았네요. 그래서 수련비 날짜를 기존 매월 1일에서 매월 7일로 연기하겠습니다. 참고해주세요~."

"아버님 우주가 저번에 다쳐서 10일 정도 운동을 못 하였습니다. 그래서 수련비 날짜를 매월 10일에서 매월 17일로 연기하겠습니다. 참고해주세요."

"어머니 지금 보니, 별이가 지난달에 이래저래 결석이 잦아서, 수련을 많이 못 하였습니다. 원활히 보충 수련도 이뤄지지 못했네요. 그래서 수련비 날짜를 기존 매월 20일에서 25일로 연기하겠습니다."

"어머니 안녕하세요. 길동이가 드디어 2달 만에 다시 운동할 수 있게 되었네요. 기존에 수련비의 50%가량이 남아있습니다. 그래서 길동이의 수련비 날짜를 기존 매월 1일에서 15일로 연기하겠습니다. 돌아오는 길동이의 수련비 날짜는 8월 15일입니다. 참고해주세요."

"어머니 지난 태권도장의 여름 방학으로 인하여 주연이가 운동을 못 하였기에, 수련비 날짜를 기존 10일에서 13일로 연기할게요. 참고해주세요."

"어머니 지난주 태권도장 여름 방학과 가족 휴가로 인하여 2주간 수련을 못 하였기에, 수련비 날짜를 기존 매월 1일에서 15일로 연기하겠습니다~."

몇 명의 원비를 며칠 늦게 받으면, 학원 운영에 막대한 지장이 있나요? 왜 많은 운영자가 원비의 납일 날짜 연기, 감액 또는 환불 불가를 외칠까요? 물론, 우리도 '소실'은 있습니다. 며칠 늦게 원비가 들어오거나, 날짜를 연기하면 달이 넘어가서 그달의 총수입이 줄어들지요. 하지만, 그만큼의 금액이 며칠 늦게 들어오거나 월 매출이 줄어서, 학원 운영에 막대한 지장을 받진 않습니다. 하지만 그 금액으로 정말 값진 학부모의 마음을 얻는다면, 감내할만하지 않을까요? 학부모의 마음을 얻는 것에 목숨을 걸어야 하는 우리에겐 참으로 중요한 점입니다.

5장

/

돌덩이 학. 마. 법.

꾸준함과 반복으로 마음 사로잡기

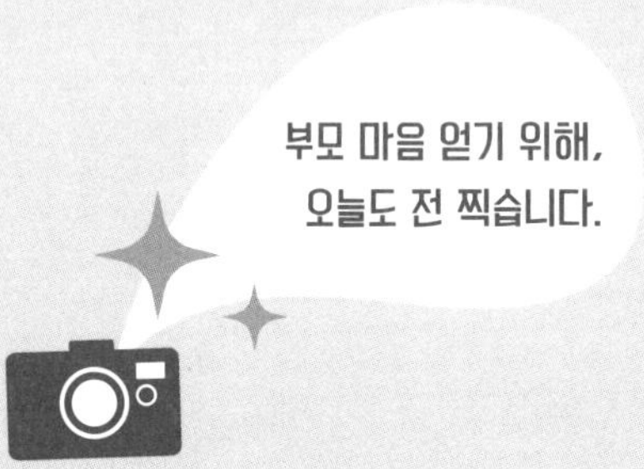
부모 마음 얻기 위해,
오늘도 전 찍습니다.

01

부모 마음 사로잡는 차량 운행 '원장보다 안전을 생각하는 사람은 없습니다.'

안 하는 게 상책이라는 차량 운행

'차량 운행'

참으로 우리에게 계륵 같은 존재입니다. 학원 업계에 오래 몸담은 원장님들이 이구동성으로 말씀하십니다.

"차량 운행은 안 할 수 있으면, 안 하는 게 상책이다."

여기서 '안 할 수 있으면'의 전제는 '안 해도 만족할 만한 수익'이 발생한다는 것입니다. 학원의 차량 운행은 직접적인 수익 증대와 이어집니다. 전국의 많은 학원, 특히 태권도장의 경우에는 거의 모두 차량 운행을 하고 있습니다. 하지만 얻는 것이 많은 만큼 신경 써야 하는 것도 많기에, 차라리 차량 운행을 안 했더라면 하는 생각을 한 번씩 하게 됩니다.

처음 태권도장을 운영했을 때, 1대의 차량으로 시작해서 최대 4대까지 차량 운행을 했었습니다. 정말 정신이 없었죠. 안 그래도 정신이 없는 게 태권도장인데, 여러 대수를 운영하려니 머릿속이 온통 차량으로 가득했습니다.

'○○는 잘 태웠나?'

'오늘 ○○가 다른 곳에서 내린다 했는데, 제대로 내렸나?'

'지금쯤 어디를 지나가겠네. 거기가 많이 위험한데.'

'저번에 길이 위험해서 길 건널 때 봐 달라고 하셨는데, 기사님이 같이 건너 주셨을까?'

차량 운행에 관한 온갖 생각들 때문에 제대로 된 지도가 불가할 지경이었습니다. 저는 차량의 대수가 늘어나면 운행

일정이 여유로워지고, 이렇게 인적 물적 투자를 했으니 수익도 상승하리라 믿었습니다. 하지만 현실은 전혀 달랐습니다. 오히려 수익은 반비례, 스트레스가 비례인 기막힌 상황이 펼쳐졌습니다.

노력하시는 사범님이나 기사님께는 죄송한 말이지만, 아무리 교육을 하고 부탁을 드려도. 그분들은 제가 직접 운전할 때만큼 아이들의 안전이나 주변을 신경 쓰지 못합니다. 저는 운동 지도만큼은 사범님들을 전적으로 믿고 맡깁니다. 큰 그림을 제가 그린다면, 세세한 부분은 주관하는 사범님께 맡기는 것이지요. 설사 그 지도가 의도치 않게 흘러가더라도 맡긴 이상 믿어줍니다.

하지만 차량 운행만큼은 쉽지 않았습니다. 아무래도 인명이 걸린 일이니까요. 태권도장에서 아무리 세계 최고 수준의 지도를 하여도, 외부에서 발생하는 차량 운행사고가 그 태권도장의 존폐를 결정합니다. 도장을 운영하면 할수록 결국 '차량 운행은 나만 해야겠다!'라고 마음을 먹었습니다.

차량은 오직 한 대만! 운전은 나만 한다

우리 태권도장에서는 차량 운행을 위한 전제 조건이 있습니다. 오직 저만 운전할 수 있고, 차량은 오직 1대 뿐이기에 제가 운행할 때 대신할 사람이 있어야 합니다. 쉽지 않은 말이지만 경험상 나의 부재 시 도장을 책임져줄 사람을 구하는 것이, 나 대신 차량 운행을 할 사람 구하는 것보다 상대적으로 수월하더군요. 대신할 사람을 구하거나 교육하기 어렵다면 차량 운행을 할 때는 아예 태권도장의 문을 닫고 하는 방법도 있습니다. 말이 안 되는 소리라고요? 의외로 그렇게 하는 베테랑 관장님들이 많습니다.

"나는 몰라도 나를 아는 수많은 사람이 나를 보고 있다."

이 말은 제가 지도를 하든, 차량 운행을 하든 항상 새기고 있는 말입니다. 특히 차량 운행을 하다 보면 정말 많은 분을 만나거나 스쳐 지나갑니다. 만나는 사람이 현재 태권도장의 학부모이거나 예전 학부모일 수도 있습니다. 현재 수련생일 수도, 예전 수련생일 수도 있습니다. 동네의 아는 분일 수도 혹은 주변 경쟁업체 관계자일지도 모릅니다.

이렇게 사람을 만나거나 스쳐 지나갈 때의 행동 양식 중 기본인 인사 태도는 원장만큼 할 수 있는 사람은 없다고 자신합니다. 덕분에 저는 동네에 인사 잘한다고 덩달아 사람 좋다고 소문이 자자합니다. 동네에서 학원 운영하며 이보다 도움이 되는 소문이 또 있을까요?

지금은 동승자 탑승에 관한 법이 있기에 항상 동승자가 있습니다. 아이들의 승 · 하차 시 저보다는 동승자가 더 자주 아이들의 승 · 하차를 돕고 있습니다. 이렇게 동승자가 있더라도 운전하는 제가 직접 내려서 아이들의 문을 열어주고 아이들의 손을 잡아주며 승 · 하차를 도울 때도 많습니다.

동승자는 안에서 아이들을 챙기고, 제가 내리고 타면서 승 · 하차를 돕습니다. 물론 동승자에게 알려주기 위한 목적으로 이렇게 할 때도 있습니다.

관장의 모습은 태권도장에 직접 찾아와야 볼 수 있지만, 차량 운행 시에는 상대적으로 쉽게 노출됩니다. 특히 자녀를 태권도장에 보낼 생각을 하는 학부모라면, 차량 운행 시 관장의 모습을 유심히 눈여겨보게 됩니다. 제가 어느 태권도장 관장인지 이미 동네 사람들 대부분이 알고 있습니다.

"저기는 관장이 직접 운전하고 아이들 승 · 하차까지 도와주네."

소문은 정말 금방 퍼지며, 그 영향력은 어마어마합니다.

아무리 말해도 부족한 게 안전

"관장님 정말 죄송하지만 급한 일이 생겨서요, 오늘 길동이 집 앞에서 말고 ㅇㅇ에서 내릴 수 있을까요?"

"관장님 혹시 우리 길동이 동생도 오늘만 차량같이 타고 ㅇㅇ에서 내릴 수 있을까요? 갑자기 일이 생겨서 제가 아직 퇴근을 못 했거든요. 정말 죄송해요."

차량 운행을 하다 보면, 이런 긴급한 전화가 종종 걸려옵니다. 착신 전환으로 태권도장으로 오는 전화는 모두 저의 핸드폰으로 연결이 됩니다. 차량 운행 중이더라도 긴박한 전화를 모두 받을 수 있으니 신속하게 처리됩니다.

만약 차량 운행하는 사람이 따로 있다면, 긴박한 일이 있을 때는 신속은커녕 난감할 때가 많을 것입니다. 태권도장에서 전화를 받으면, 다시 차량 운행 담당자에게 연락하고, 다시 태권도장에서 해당 학부모에게 연락하는 식으로, 긴급하지만 참으로 여러 단계를 거치게 되지요.

여기서 잠깐! 차량 운행 시 개인적인 전화는 일절 금하며, 통화 시에는 무조건 핸즈프리를 이용해야 하는 것 아시죠? 차량 운행에 있어 다른 것들을 아무리 잘한다 한들, 손에 전화기를 들고 귀에 대고 전화하는 모습이 학부모들에게 보여지는 순간, 모든 것은 물거품이 됩니다. 하면 할수록 학부모의 마음을 사로잡기는커녕, 하면 할수록 욕먹는 차량 운행이 되지요.

차량 1대만으로 관장이 직접 운전하는 것을 권해드렸지만, 모든 일에 장단점이 있듯이 이것 또한 단점이 있습니다. 그리고 이에 관련한 질문이 가장 많습니다.

"관장이 차량 운행을 다 하면, 애들은 언제 가르칩니까?"

맞는 말입니다. 그래서 저는 각각의 운동시간 사이 30분의 간격을 두었습니다. 차량 운행은 그 30분의 시간 동안만 합니다. 그렇다 보니 차량 운행을 요구하는 아이들이 많아지면 어떻게 대처하는지에 대한 질문을 많이 받습니다.

"그렇게 신뢰가 쌓이면 학원생 증가로 이어질 텐데, 그럼 다시 차량을 구입하고, 기사님을 고용해야 하나요?"

아니지요. 모든 아이디어를 짜내어 단 1대의 운영을 위한 지혜로운 방안이 필요합니다. 저는 차량 운행 범위 내에서 학부모의 요구는 모두 봐 드립니다. 하지만 범위를 벗어난 요구나 신규 차량 운행은 아이들의 안전을 이유로 철저히 불허합니다.

최대 4대까지 하던 차량 운행을 1대로 줄일 때, 일일이 학부모에게 자세한 설명과 함께 양해를 구했습니다. 설명의 핵심은 '아이들의 안전'이었지요. 아이들의 안전을 위한 조치라고 말씀드릴 때, 이해가 어렵다는 학부모는 단 한 명도 없었습니다.

02

부모 마음 사로잡는 차량 운행 '안전조치는 넘쳐도 괜찮습니다.'

안전에 대한 조치, 무조건 알려라

어린이 보호 차량에서 아이들이 오랫동안 갇히는 사건들이 연이어 보도되었습니다. 급기야 정부에서는 2019년, 차량에 남아있는 아이들을 확인하기 위한 장치인 '잠자는 아이 확인 장치'를 의무적으로 설치하도록 하였습니다. 저 역시 장치를 설치했습니다. 모든 학원이 설치해야 하는 장치였지만, 학부모들에게 안전에 대한 학원의 인지 상태를 알리고, 미리 안내를 드려야 할 필요가 있었습니다. 이와 관련

한 안내문을 작성하는 과정에서 순간 한 가지 생각이 떠오르더군요.

'확인 장치도 중요하지만, 애초에 차량의 내부가 훤히 드러나 보이면 어땠을까? 혹시 아이가 차량에서 잠들었더라도 지나던 누군가가 봤을 텐데… 그럼 안타까운 사고를 조금이라도 막을 수 있지 않았을까.'

그제야 우리 태권도장 차량의 선팅도 결코 옅지 않다는 걸 깨닫게 되었습니다. 5년 전에 신차로 구매했을 때, 영업사원이 서비스 차원에서 해줬던 가장 기본적인 상태였던 겁니다. 아시다시피 이 선팅 서비스의 농도는 내부가 잘 안 보이는 정도로 생각보다 진하게 되어 있습니다.

바로 다음 날 내부가 훤히 보이지만, 자외선 차단과 열 차단은 뛰어난 고가의 제품으로 교체하였습니다. 차량 전체를 시공하는데 만만치 않은 금액이 사용되었습니다. 예상치 못한 지출이지만 충분히 투자할 만한 금액이라 여겼습니다.

그 후, 우리 태권도 차는 동네에 수많은 어린이 보호 차량

속에서, 유독 '적나라하게' 내부가 훤히 보이는 차량이 되었습니다. 그러다 보니, 아이들의 차량 내 안전도 더욱 신경 쓰게 되더라고요.

물론 대수롭지 않은 부분이라고 여길 수도 있으나, 누군가는 유독 차량 내부가 훤히 보이는 모습에 안심할 수 있을 것입니다. 그리고 그 모습을 누군가 알아주겠지 하기보다 적극적으로 알렸습니다. 제가 자주 사용하는 카톡으로 말이지요. 알리면 알릴수록 더 빨리, 더 많이 마음을 사로잡을 수 있으니까요.

메시지, 과해도 괜찮아요

차량 운행의 마지막 이야기는 바로 승 · 하차 시 전화, 문자의 활용입니다. 많은 학원이 적용하는 것이기에 비법이라고 펼치기엔 실망스러울지 모릅니다. 하지만 이걸 저처럼 과하게 사용하는 경우는 보지 못했습니다. 우선 과하면 과할수록 좋은 이 메시지 활용이 가능하려면, 단 1대의 차량, 수용범위를 넘지 않은 적정 수의 아이들, 그리고 단 1명의 운전자가 관장이라는 게 전제입니다. 하지만 1대 이상이라도 활용할 점이 분명히 있으니 각자의 상황에서 활용해 보시기 바랍니다.

현재 제가 운영하는 송도 하늘 태권도장 차량 운행의 경우, 결코 범위가 넓지도, 수많은 아이가 정신없이 내리고 타는 상황이 아닙니다. 일선 학원 운영자가 보기에 '정말 수월하네', '한 15분이면 하겠는데?'라고 생각할 정도입니다.

하지만 일반적인 기준으로 15분 소요될 차량 운행을 저는 30분 동안 합니다. 그래서 각 수업 사이에 30분의 간격을 두었습니다. 예상보다 긴 운행 시간이 소요되는 이유는 바로 '아이들의 안전'입니다. 차량 운행을 하다 보면, 기본적인 코스와 시간을 계산하여 계획을 세우더라도 예상치도 못한 돌발 상황이 수시로 일어납니다. 다음에 태울 아이의 시간이 늦춰지고, 운전자는 초조해지고, 그러다 보면 많은 문제가 발생하지요. 그래서 저는 아이를 태우기 2, 3분 전 꼭 전화를 겁니다.

"어머니 ○○이 내려오면(나오면) 됩니다."

아이가 먼저 나와서 기다리지 않도록 합니다. 이 부분은 아이나 학부모를 위한 조치이기도 하지만, 사실 저를 위한 것입니다. 돌발 상황이 일어나도 '어떡하지! ○○이가 기다리고 있을 텐데…, 서둘러야 하는데…' 하며 초조해하지 않거든요.

이렇게 해서 승차시킨 아이의 학부모에게는 바로 '○○이 잘 데리고 갑니다'라는 문자를 합니다. 과하다고 생각할 수도 있지만, 아이들의 안전에 있어서 과한 건 없습니다. 또한 '이 관장은 별 쓸데없는 문자까지 보내는구나.'라고 생각할 학부모는 아무도 없습니다.

하차 시에는, [○○이 잘 올라갑니다], [○○이 방금 하차했습니다], [○○이 피아노로 곧 들어갑니다] 등의 문자를 꼭 보냅니다. 제가 주로 운행하는 아파트 단지의 경우, 공용 현관도 있지만, 주차장으로 바로 연결되는 현관이 있어 아이들이 주차장을 통해 오가는 경우가 많습니다. 이 때문에 저는 아이들의 하차 시, 지하 주차장의 라인 앞에서 바로 내려줍니다. 예를 들어 101동 1001호에 사는 아이면 101동 지하주차장 1, 2라인 앞에서 내려줍니다. 그러면 아이는 차에서 내리자 마자 바로 엘리베이터를 타고 올라갑니다. 그때 위의 문자들을 보내지요. 집에 있는 학부모는 아이가 엘리베이터 타고 올라오는 그 순간에도 걱정이 됩니다.

'이때쯤 내릴 때가 됐는데'
'엘리베이터를 혼자서 잘 타고 오나?'

이런 걱정을 할 때쯤 전송되는 '○○이 곧 올라갑니다'의 짧은 메시지는 부모에게 안도감을 줍니다.

여기까지 내용을 읽으면서, '이건 작은 학원에 적용 가능한 이야기다.'라고 생각하실 수 있습니다. 하지만 코로나 이후, 다시는 코로나 이전으로 돌아갈 수 없습니다. 코로나 사태로 여러 가지가 변했고, 학원계 역시 다른 모습으로 변화하였습니다.

코로나 사태 전, 어렵잖게 보았던 다수의 차량 운행, 한 공간에 바글바글한 아이들의 왁자지껄한 모습은 이제 쉽게 보기 어려울 것입니다. 저는 다른 큰 학원과 달리 작은 학원을 지향하며 운영해왔기에 코로나 이후, 학원의 나아갈 방향에 대한 확신이 생겼습니다. 그렇다면 작은 학원의 매출은 어떨까요?

예전에 운행 차량만 4대였던 시절과 1대만을 운영하는 지금. 수련생의 수와 태권도장의 매출은 큰 차이가 없습니다. 도리어 비율상, 오히려 더 낫습니다. 운행하는 차량의 대 수나 차량 운행을 이용하는 아이들의 수가 줄어드는 것에 비례하여, 차량 유지비나 신경 쓸 문제들도 팍팍 줄어들었습니다. 현재 차량 시간은 제게 쉬는 시간으로 여겨질 만큼 운행의 압박도 줄어들고, 시간에 쫓기는 일도 없습니다.

03

사람 향기 나는 도착 문자

[2020년 6월 13일 월요일 오후 3시 13분에 하늘(이)가 송도 하늘태권도장에 도착하였습니다.]

언제부턴가 학원가에서는 '도착알림 문자 시스템' 도입이 필수가 되었습니다. 아이들은 각자 고유번호가 있는데, 기억하기 쉽도록 엄마 전화번호의 뒷자리 4개로 지정해줍니다. 그 번호를 아이가 설치된 자판에 입력하면 자동으로 위의 문자가 학부모에게 전송되는 시스템이지요.

학부모는 자녀가 안전하게 학원에 도착했는지 알 수 있는 좋은 시스템으로, 학부모는 학원에 일일이 도착 확인을 할 필요가 없어 편리합니다. 심지어 시스템 도입 비용도 저렴하고, 데이터 기반의 시스템의 경우 무료 사용도 가능합니다.

하지만 이 좋은 시스템을 저는 도입하지 않았습니다. 제가 운영하는 태권도장에서는 아무리 바쁘고 정신없어도, 직접 도착 문자를 보내기 때문입니다. 저와 사범이나 선생님 같은 운영진들은 무조건 핸드폰 혹은 '카카오톡 PC 버전'을 이용하여 톡을 보냅니다.

[어머니, 별이 태권도장에 잘 왔습니다.]

[어머니, 우주 잘 데려왔습니다.]

[하늘이 지금 막 도착했습니다.]

'딱' 봐도 기계가 보내는 문자가 아닙니다. 이 문자는 운영진 중 누군가가 아이를 눈으로 직접 확인하고 보내는 문자입니다. 기계가 보내는 문자에 답변하는 학부모는 없지만, 이 문자에 답변하는 학부모는 많습니다.

'네, 감사합니다.'

'오늘도 잘 부탁드립니다.'

가끔 거기에다가 절대 기계가 할 수 없는 '특이사항'까지 추가될 때가 있습니다.

[별이 잘 왔습니다. 그런데 실내화 가방을 학교에 두고 왔답니다. ^^;; 자기도 모르게 깜빡한 거라 하니, 너무 나무라지 마세요.]

[어머니, 우주 잘 왔는데요. 오는 길에 살짝 넘어지는 바람에 무릎에 가벼운 상처가 났네요. 간단하게 치료할게요. 걱정하지 마세요.]

[어머니, 하늘이 태권도장 잘 왔습니다. 오늘은 컨디션이 아주 좋아 보입니다. 신나게 운동할 수 있게 할게요!^^]

[어머니, 별이 태권도장에 잘 왔습니다. 그런데 오늘 학교에서부터 살살 배가 아프다고 하네요. 오늘은 천천히 조절하며 운동하겠습니다.]

[우주가 오늘은 딴 데 안 가고 바로 왔습니다~~~!! 저녁에 만나면 칭찬해주세요!^^]

학부모의 답변 역시 평소와는 달라집니다. 이를테면,

[요놈이 혼날까 봐 선수 쳤네요. ㅎㅎ; 네 알겠습니다.]

[아이고, 관장님. 신경 써 주셔서 감사합니다.]

[다행이네요. 감사합니다.]

[네~ 안 그래도, 아침부터 배가 살살 아프다고 했는데, 오늘은 살살 부탁드립니다.^^]

[관장님 덕분에 맘 놓고 일하고 있습니다. 항상 감사드립니다.]

요즘에는 맞벌이 부모가 많지요. 출근 전 잠시 보고, 저녁까지 자녀들을 볼 수가 없으니, 얼마나 일거수일투족이 궁금하겠습니까? 안전한 학원 도착 메시지가 일터에서 근무 중인 학부모에겐 희소식이 됩니다. 거기에 특이사항까지 알려주니, 문자는 '희소식'에 '감사함'까지 추가됩니다.

사람과 사람 사이의 문자에는 기계가 못 하는 그 이상의 것들이 있습니다. 문자 한 번에 수고로움과 시간이 소요되지만, 기꺼이 감내할 만한 수고와 시간이라 생각합니다.

원생이나 학부모에게 감동을 주는 요소가 많을수록 학원은 성공합니다. 그 감동의 크기는 클 수도 있고, 작을 수도 있습니다. 크고 작음을 떠나 원생이나 학부모에게 수시로 감동을 선사하세요. 저는 간단한 카톡 메시지로 매일 감동을 선사하며, 마음을 사로잡고 있습니다.

04

학원업 최고의 이벤트! 오늘 밤 주인공은 나야 나. 개인 생일 파티

태권도장 블로그 카테고리 중에는 '이벤트 이야기'라는 항목이 있습니다. 현재 130개 이상의 이벤트 모습들이 차곡차곡 쌓여 있지요. 실내 이벤트, 야외 이벤트의 모습을 정리하여 포스팅한 것으로, 이 모든 것이 저와 태권도장의 역사가 됩니다.

이전 운영하던 태권도장의 경우 블로그가 아닌 카카오스토리로 저장하였는데, 지금도 종종 7년간의 기록을 들여다보며, 과거에서 배우기를 하고 있습니다.

송도에서 학원을 개원하고 가장 첫 번째 이벤트 모습은 공주님 같은 어린 여자아이의 생일 파티였습니다. 첫 수련이 열리고 얼마 지나지 않아 받은 전화 한 통으로 시작된 것이죠.

"새로 생긴 태권도장이지요? 혹시 아이들 생일 파티하나요?"

솔직히 지도자 생활 15년 동안 태권도장 이벤트로 생일 파티를 한 적이 없기에 잠시 망설였습니다. 하지만 이제 갓 개원한, 학원생 0명의 학원이기에 가릴 처지가 아니었습니다.

"네! 그럼요! 물론이지요! 생일 파티 아주 좋아합니다! 맡겨만 주세요!"

수락하고 파티까지 남은 일주일 동안 사범님과 아내와 함께 머리를 맞대고 파티에 대한 계획을 짰습니다. 그때 세운 개별 생일 파티 형식은 다음과 같습니다.

- 생일 파티의 총 소요 시간은 2시간
- 생일 파티 초반에는 줄넘기나 훌라후프 등 몸풀기도 되면서, 학부모에게 보여줄 수(어필, 홍보) 있는 체육 활동
- 체육 활동 후 레크리에이션
- 종료 30분 전부터 생일상 마련
- 생일 축하 및 선물 증정 후 음식 먹기

음식 먹기가 가장 마지막인 이유가 있습니다. 음식을 아무리 신경 써서 먹는다고 해도 공간은 지저분해지고, 결국 다른 활동으로 이어지기가 여의치 않더군요. 그래서 우선 신나게 즐기고, 마지막에 먹으며 자연스럽게 행사를 마무리합니다.

생일 파티가 진행되는 동안, 사진 및 동영상의 촬영을 쉬지 않습니다. 그렇게 촬영한 사진, 동영상은 생일 당사자 아이의 학부모에게 보냅니다. 여기에는 자신의 특별한 생일 파티로 인해, 행복해하는 아이의 모습이 고스란히 담겨 있습니다. 이런 모습을 보는 부모의 마음은 어떨까요?

그리고 생일 파티 중 초대받은 아이들의 부모 연락처도 물어봅니다. 초대받아 참가한 아이들에게 레크리에이션이 진행되어 신나는 상태일 때, 아이에게 직접 물어봅니다.

"이렇게 철수의 오늘 신나는 모습을 어머니께 바로 보내드릴 거야."

이렇게 말하고 부모님의 연락처를 물어봅니다. 물론 아이가 원하지 않으면 절대 강요하거나 억지로 알아내지 않습니다.

생일 파티 종료 후, 알게 된 학부모들의 연락처로 그 아이가 신나게 즐기는 모습이 담긴 사진과 동영상 여러 개를 보냅니다. 간단한 메시지도 포함해서요. 하지만 이 메시지에 신규 등록을 강요하는 듯한 문장은 절대 넣지 않습니다.

[철수 부모님 안녕하세요. 하늘 태권도장입니다.

오늘 영희의 생일 파티가 하늘 태권도장에서 있었습니다. 철수가 영희의 초대를 받아 신나는 시간 보냈습니다. 오늘 철수의 신나는 모습 몇 장 보내드립니다.]

자녀의 웃는 모습, 좋아하는 모습, 즐기는 모습, 신나게 노는 모습, 맛있게 먹는 모습 등을 보는 부모는 '엄마 미소', '아빠 미소'가 절로 나올 겁니다. 만약 친구가 마땅히 하는 운동이 없다면, 혹은 운동을 한다고 하더라도 이 문자를 받은 학부모는 우리 태권도장에 관심을 갖게 됩니다. 이 방법으로 태권도장에서 운동을 시작한 친구들이 많이 있습니다.

05

학원업 최고의 이벤트! '다 같이 놀자. 단체 생일 파티'

"원장님, 생일 파티를 아예 매달 고정으로 열면 어떨까요? 신청이 들어오지 않더라도 우리가 파티를 열어주는 거죠. 아이들과 학부모가 많이 좋아할 거 같아요."

첫 생일 파티 후, 지켜본 사범님이 아이디어를 냅니다. 사범님의 굿 아이디어 덕분에 이 고정 생일 파티는 우리 태권도장의 대표 이벤트가 되었습니다. 대신 생일 파티를 열어주는 대상은 유아, 초등 1학년 아이들로 한정하였습니다. 단체 생일 파티의 형식과 방법은 아래와 같습니다.

- 생일 파티에는 누구나 올 수 있습니다.
- 선물의 준비 여부는 자율입니다. 참석하여 축하해 주는 것만으로 선물이 됩니다.^^
- 생일 파티는 주말을 이용하여 2시간 정도 진행됩니다.
- 생일 파티 때는 유아, 초등 저학년이 좋아할 만한 애니메이션(우리말 더빙판)을 상영합니다. 영화 초반에 생일상을 차린 후, 생일 축하를 해주고, 자연스럽게 간식을 먹으며 영화를 봅니다.
- 생일 파티 시 생일 대상자 학부모들에게 비용은 받지 않습니다.
- 생일 파티 시 필요한 음식은, 한 가정이 한 가지씩 준비합니다. 예를 들어 진구, 하루, 동동이, 사랑이라는 수련생 4명의 생일이라면, 진구는 케이크, 하루는 음료, 동동이는 간식 1, 사랑이는 간식 2 이런 식으로 준비합니다. 생일 대상자 학부모도 전혀 부담이 없고, 우리도 금전적으로 전혀 부담이 없습니다.
- 보통 애니메이션 영화가 1시간 30분 정도의 상영 시간이니, 상영 시작 후 10분 정도 뒤에 영화를 멈추고 생일상 차림, 축하, 선물 증정을 마치고 간식을 먹으며 다시

영화를 봅니다. 시간 조절 잘하여 영화 끝날 때가 행사 종료 5분 전이 되도록 조절합니다.

이렇게 영화 상영이 주가 되는 생일 파티에서는 아직 태권도장에 보내기는 어린 4, 5살 동생들이 따라옵니다. 이 아이들은 미래의 우리 태권도장의 원생이 됩니다. 그리고 개인 생일 파티와 마찬가지로 아이들에게 부모의 연락처를 얻어 사진과 동영상을 보냅니다. 역시 등록을 유도하지 않습니다.

유아와 초등 1학년 이상의 수련생들은 파티 형식을 약간 달리해서 생일 파티를 열어줍니다. 형식은 전반적으로 동일합니다.

[초등 2, 3학년은 상영 연령대가 높지만, 아이들의 호응도가 좋은, '어벤져스' 같은 영화와 함께 생일 파티를 열어줍니다.

초등 4, 5, 6학년의 생일 파티는 영화 상영이 아닌 레크리에이션이 주가 되는 형식으로 열어줍니다.]

생일 파티는 당사자, 참여 아이들, 학부모 모두 만족도가 상당히 높습니다. 직접 유도하지 않지만, 신입 원생 모집 면에서도 엄청난 위력을 발휘합니다.

2017년 6월 신설 오픈이래 지금까지 생일 파티는 꾸준히 매달 시행하고 있으며, 신규 및 예비 수련생에게 태권도장을 알리는 계기가 되었습니다.

6장

/

코로나 시대

변화에 대처해서 마음 사로잡기

부모 마음 얻기 위해,
오늘도 전 찍습니다.

01

단 하나의 지침, 절대 모이지 마라!

누구도 예측하지 못했던 일이 벌어졌습니다. 2019년 겨울, 중국 우한 지역을 중심으로 새로운 바이러스의 창궐 소식이 전해졌을 때만 해도 '별일'이 다 일어나는 중국에서 그것도 우한이라는 지역만의 일인 줄만 알았습니다. 처음 코로나19 바이러스를 말할 때 '우한 바이러스'라고 했을 정도이니 말이죠. 하지만 지금은 전 세계에 코로나19 바이러스가 피해를 주고 있으며, 태권도장을 포함한 학원 업계는 순식간에 굶어 죽을 지경이 되어 버렸습니다.

"모이지 마라!"

태권도장으로서는 정말 치명적인 조치가 아닐 수 없습니다. 많은 학원이 그렇겠지만, 태권도장은 한정된 공간에 다수의 인원이 모이는 곳이니까요.

꺾이지 않는 코로나의 기세에 전국의 유치원, 초, 중, 고등학교의 개학이 계속 연기되었고, 결국 '사회적 거리 두기'의 일환으로 태권도장을 포함한 실내 체육시설에 '강력 휴원 권고'라는 지침이 내려옵니다.

권고를 무시하고 문을 여는 태권도장에 쏟아지는 비난은 엄청났고, 실제 문을 열었다 한들 출석률은 제로에 가까웠습니다.

'태권도장은 운동을 통해 면역력을 키우는 곳인데…'

개인적으로는 코로나바이러스가 기세를 떨칠 때도, 지난 신종플루 사태에 빗대어 '이러다 괜찮아지겠지', '개학하면 다들 돌아오겠지'라고 생각했습니다. 하지만 이제 다시는 코로나 이전으로 돌아갈 수 없음을 잘 압니다. 코로나 시대를 헤쳐 나갈 준비가 급하게 되어야 했고, 너무 큰 변화에 학원 문을 닫는 곳이 속출하였습니다. 저 역시 문을 닫지 않으려면 대책이 필요했고, 단순 피하기가 아닌 이 사태에 적극적으로 대응하기 위한 목표가 필요했습니다.

일개 관장인 제가 전국 학원에 적용되는 대책을 말할 수는 없습니다. 다만, 제가 운영하는 태권도장에 적용한 정원제를 설명하려 합니다. 처한 상황과 환경이 천차만별인 전국의 학원에 단 한 곳이라도 저의 이야기가 도움이 되길 바라는 마음으로요.

지금부터 설명하는 '정원제'는 코로나 사태로 처음 생각한 건 아닙니다. 이미 신설 오픈 당시 한 번 시도했던 것이고, 이게 코로나를 이겨내는 힘이 될 줄은 몰랐습니다.

당시 비어있던 전용 면적 23.5평의 상가에 태권도장을 계획하면서, 사무실과 탈의실을 뺀 수련장 면적이 고작 20평이 된다는 사실에 고민을 거듭했습니다. (저에게 수련장 면적의 기준은 약 40평이었던 기존에 운영했던 연세 제일 태권도장이었거든요.)

현재 20평의 수련장을 생각할 때 동시 운동 인원은 15명이 최대 인원이었습니다.

그런데 한 타임 15명 정원제로 운영을 하려니 가장 걸리는 것이 수익이었습니다. 태권도장은 월요일부터 금요일까지 주 5회 운동이 대부분입니다. 신설 태권도장의 시설 여건을 기반으로 가정할 시, 모든 원생이 주 5일 운동을 하루 5번의 타임으로 수업한다면 최대 원생 수는 75명이 됩니다. 이 정도 인원으로는 운영비용을 제한 순수익 측면에서 예상 금액에 한참 못 미치더군요. 그래서 생각한 것은 '모든 학생이 주 3회 운동하는 것'이었습니다. 지역마다 차이가 있겠으나, 송도에서는 주 3회 운동이 가능했습니다.

입관 상담 시, "15년 이상 아이들을 지도하며 관찰하니 주 3회 정도의 운동이 여러모로 적당하더라고요."라는 말씀으로 주 3회 운동을 권유했습니다.

17년 신설 당시 후발 주자이니, 기존 동네 주민에게 어필할 수 있는 마케팅 포인트를 '정원제'로 세웠습니다.

"우리 태권도장에서는 한 타임에 최대 15명만 운동을 하겠습니다!”

이런 말을 내세우며 원생 수를 0명에서부터 차근차근 늘렸고, 곧 모든 요일과 타임 별로 한 수업 최대 참여 인원 15명이 채워지기 시작했습니다. 당시에도 이 정원제가 제 살 깎아 먹기 수준의 태권도장 간 치열한 경쟁을 해소할 묘책이라는 생각이 들었습니다.

‘모든 태권도장이 각 도장의 능력(지도진, 시설, 시스템 등)에 맞게 정원을 설정하여 운영한다면 지금 같은 치열한 경쟁은 사라질 텐데 싶더군요. 지금처럼 인원을 늘려 수익을 늘리려 하는 대신, 교육의 질을 높이고 회비를 올려 수익을 내면 좋을 텐데’라고 생각했습니다.

감사하게도 오픈 1년이 지날 즈음, 처음 정했던 1차 목표 원생 80명에 가까워졌습니다. 목표는 100명으로 늘어났지요. 아이들이 많이 몰리는 ‘5시 30분부’는 매일 평균 25명 정도의 인원이 운동했습니다. 요즘의 상황에 비춰보면 말도 안 되죠.

처음 내세운 ‘한 타임 최대 15명 정원제’는 온데간데없어지고, 대신 부모님들에게 ‘넓지 않은 이 공간에 아이들이 많은 데에는 뭔가 이유가 있지 않겠나요?'라고 생각해 달라는 뻔뻔한 멘트도 날렸습니다.

그러다 터진 게 바로 코로나 사태였고, 저는 지도자 생활을 시작한 이후로 가장 길게 쉬는 이른바 '코로나 백수'가 되었습니다. 그리고 다시 아이들이 줄어들고 시작과 같은 상태가 되었을 때, 이제야말로 한 타임 15명 정원제를 정착시킬 적기가 되었음을 깨달았습니다.

02

/

두세 번이면 충분합니다

5주간의 휴원을 마치고 비교적 이른 3월 16일부터 운동을 재개하였습니다. 다시 시작은 하지만 아이들이 모두 복귀하리라는 생각은 전혀 하지 않았습니다. 오히려 태권도장을 신설 오픈한 17년 5월과 같다는 생각이 들었고 마치 그때처럼 학부모들에게 태권도장 생활에 관한 안내문을 발송했습니다. 안내문의 주된 내용은 '한 타임 최대 15명 운동 정원제'에 관한 내용이었지요.

아래는 안내문 중 '정원제' 관련한 내용입니다.

[각 요일, 시간별 운동 인원을 지정하고 참여 인원수를 최대 15명으로 제한합니다.

한정된 공간에 너무 많은 인원이 모이는 것을 방지하겠습니다.

알차고 쾌적한 운동을 위해, 매 운동 시간별로 운동하는 인원을 지정하겠습니다.

요일별, 시간별 정해진 인원만 운동하도록 하겠습니다.

Ex 1) 김별이 어린이는 주 5회 월-2시부, 화-2시부, 수-2시부, 목-2시부, 금-2시부에 운동하도록 지정했습니다. 별이 어린이는 지정한 요일, 시간에만 운동할 수 있습니다.

Ex 2) 김우주 어린이는 주 3회 월-3시 45분부, 화-5시 30분부, 목-2시부에 운동하도록 지정했습니다. 우주 어린이는 지정한 요일, 시간에만 운동할 수 있습니다.

Ex 3) 김하늘 어린이는 주 2회 화-6시 30분부, 금-6시 30분부에 운동하도록 지정했습니다. 하늘 어린이는 지정한 요일, 시간에만 운동할 수 있습니다.

운동 요일, 시간 지정은 전화나 문자(톡)로 보내주세요. 선착순으로 받겠습니다. 선착순이기에 늦은 연락 시 원하는 요일, 시간에 운동이 불가할 수도 있습니다.

지정한 운동 요일, 시간은 수시로 변경 가능합니다. 단, 변경을 원하는 시간에는 최대 인원(15명) 이하일 경우에 가능합니다.]

재오픈 일주일 전인 3월 10일부터 안내문을 학부모에게 발송하였습니다. 자녀의 운동 복귀 의사를 밝힌 학부모는 전체의 20% 정도였습니다. 이렇게 운동 복귀 의사를 밝힌 학부모에게는 운동 참여 요일과 시간을 먼저 정하도록 하였습니다.

일정 운동 시간에 인원이 모두 채워지면, 그 이상은 그 시간에 인원을 받을 수 없습니다. 그 시간 운동을 원하는 원생은 일단 대기자 명단에 올린 후, 다른 시간에 운동하도록 권유합니다. 추후 빈자리가 나면 등록할 수 있도록 말이죠.

월요일

	2:0(	3:4(	5:3(	6:3(
1	x용	x태	x건	x준
2	x태	x준	x시	x시
3	x시	x서	x재	x재
4	x세	x진	x현	x예
5	x시	x민	x현	
6	x찬	x나	x현	
7		x서	x시	
8		x시	x구	
9		x시	x동	
10		x주		
11				
12				
13				
14				
15				

	2:00	3:45	5:30	6:30
	대기자	대기자	대기자	대기자
1				
2				
3				
4				

화요일

	2:0(	3:4(	5:3(	6:3(
1	x용	x준	x건	x시
2	x세	x진	x시	x예
3		x민	x구	x원
4		x나	x현	x건
5		x서	x현	
6		x시	x서	
7		x시	x시	
8			x현	
9				
10				
11				
12				
13				
14				
15				

	2:00	3:45	5:30	6:30
	대기자	대기자	대기자	대기자
1				
2				
3				
4				

수요일

	2:0(	3:4(	5:3(	6:3(
1	x용	x태	x건	x준
2	x정	x준	x시	x시
3	x세	x서	x재	x재
4		x진	x현	x예
5		x민	x현	x혜
6		x시	x현	x건
7		x시	x시	
8		x주	x구	
9			x서	
10			x태	
11			x서	
12			x혜	
13				
14				
15				

	2:00	3:45	5:30	6:30
	대기자	대기자	대기자	대기자
1				
2				
3				
4				

목요일

	2:0(	3:4(	5:3(	6:3(
1	x용	x준	x건	x시
2	x세	x태	x시	x원
3		x민	x구	x건
4		x나	x현	
5		x서	x현	
6		x시	x서	
7		x시	x시	
8			x현	
9			x동	
10			x서	
11				
12				
13				
14				
15				

	2:00	3:45	5:30	6:30
	대기자	대기자	대기자	대기자
1				
2				
3				
4				

금요일

	2:0(	3:4(	5:3(	6:3(
1	x용	x준	x건	x시
2	x태	x서	x시	x준
3	x시	x진	x재	x시
4	x세	x민	x현	x재
5	x시	x나	x현	x예
6	x정	x서	x현	x혜
7	x찬	x시	x시	x건
8		x시	x구	
9		x주	x서	
10			x동	
11			x혜	
12				
13				
14				
15				

	2:00	3:45	5:30	6:30
	대기자	대기자	대기자	대기자
1				
2				
3				
4				

물론 특정 시간에만 운동이 가능한데, 정원이 차서 등록을 못 하는 원생이 있을 수 있습니다. 이제는 이런 경우 눈물을 머금고서라도 등록을 받지 않습니다.

표에 보면 주 5회(월요일에서 금요일까지) 운동하는 원생의 비율은 40% 정도 됩니다. 휴관 전 20% 정도에 대비하면 높은 수치죠. 주 5회 운동 원생의 비중을 10~20% 정도로 낮추고, 여러 노하우를 활용하여 주 2, 3회 운동 원생 비율을 늘려나가야 합니다. 원활하게 '한 타임 정원제'를 시행하기 위해선 주 2, 3회 운동하는 인원의 비율이 높아야 합니다.

전체 원생 중 주 2, 3회 비중을 높이는 노하우 중 한 가지는, 운동 횟수별 원비에 큰 격차를 두는 것입니다. 주 3회 운동 월 원비가 15만 원이고 주 5회 운동 월 원비가 16만 원 경우엔, 대부분의 학부모는 '1만 원만 더 내면 매일 태권도장에 갈 수 있네.'라고 생각합니다. 하지만 차이가 4, 5만 원 이상 나면 그렇게 생각하기 쉽지 않겠죠? 금액 차이도 그렇지만 다른 스케줄로 빽빽한 요즘 아이들의 일상을 생각해보면, 분명히 효과가 있습니다.

저는 코로나19 휴관 후 다시 시작한 2020년 3월 16일부터 입관하는 원생의 원비를 인상하였습니다. 기존 원생들은 2020년 9월부터 인상을 했습니다.

정원제이다 보니 희망하는 아동을 모두 받을 수 없습니다. 대신 원비를 올려 수익을 늘리는 고가정책을 채택한 것입니다. 하지만 무조건 고가정책을 사용하면 망하기 딱 좋습니다. 비싼 데는 비싼 이유가 타당하게 있어야 합니다. '정원제'는 그 타당성에 가장 적합한 요인이 됩니다.

03

/

청결 담당 여사님

코로나가 한창일 무렵 우리에게 유일한 대비책은 방역이었습니다. 학원마다 코로나 대책으로 온갖 방역을 홍보하였고, 실제 방역 수준은 엄청나게 높아졌습니다. 우리 태권도장도 방역 대책을 마련해야 했고, 그동안 오랫동안 계획하였지만 망설였던 '청결 담당 여사님'을 모실 적기가 되었다고 생각했습니다.

저는 매주 일요일 저녁마다 태권도장으로 출근을 했습니다. 대청소 때문이었죠. 평일에도 대청소를 하고 싶은 마음

이야 굴뚝같지만, 현실적으로 쉽지 않았기에 일요일 저녁마다 2시간 정도 대청소를 한 것입니다. 새로운 한 주가 시작되는 월요일 오전, 깨끗하게 대청소 된 태권도장에 출근할 때의 기분은 과장을 조금 보태면 마치 산림욕장 혹은 무균실에 온 느낌입니다.

'청결 담당 여사님'을 모신다면 이런 느낌을 매일 느낄 수 있으리라 생각했고, 요즘같이 철저한 방역이 요구될 때, 여사님의 존재감이 더욱 빛날 것이라 여겼습니다. 또한, 학부모의 불안이 극에 달한 이 시기에, 불안을 조금이나마 덜어줄 수 있겠다고 생각했습니다.

언제나 새로운 사람을 태권도장에 모실 때는, 좋은 분을 만나게 해달라고 기도합니다. 그 덕분인지 너무나 좋으신 명 여사님을 만나게 되었지요. 처음 함께 대청소를 하며 모시게 된 계기를 말씀드렸고, 이야기를 모두 들으신 뒤 한마디 하셨습니다.

"제가 보기보다 허술합니다. 아마 관장님께서 청소하시는 것의 반도 제대로 못 할 수도 있습니다. 만약에 관장님께서 보시고 영 시원치 않으시면 언제든지 그만두라고 말씀해 주세요. 하지만 그렇게 말씀하시기 전까진 최선을 다하겠습니다."

과연, 여사님 말씀대로 청소 상태가 허술했을까요? 오히려 부탁드린 것보다 더 수고해 주셔서 죄송하고 감사할 정도였습니다. 저는 명 여사님을 모시게 된 사실을 학부모에게 알렸습니다.

[우리 하늘 태권도장은 지금껏 주 1회 대청소, 매일 대청소에 버금가는 청소, 매 수업 시간 종료 후 청소를 시행 중이었습니다. 물론 환기, 공기청정기, 소독 용품 등을 이용한 공기 청정, 소독, 살균 등도 시행 중입니다. 이번에 도장 내 청결과 위생을 더 철저하게 담당해 주실 명○○ 여사님을 모심으로써, 매일 대청소 수준으로 태권도장 내 청결, 방역, 위생 수준을 관리하겠습니다!

하루라도 빨리 이 사태가 진정되길 간절히 바라며, 태권도장 내에서 시행할 수 있는 예방책을 철저히 시행하겠습

니다.]

명 여사님의 근무에 관해서는 처음 한 번만 학부모에게 알린 것이 아니라, 각종 안내문에서 기회가 될 때마다 알렸습니다. 물론 청결 담당 여사님을 모셨다고 코로나의 악재를 완전히 피할 순 없습니다. 저 역시 2월 중순부터 3월 중순까지 한 달간을 휴원했습니다.

제가 운영하는 태권도장을 포함하여 아직도 많은 학원이 코로나 여파로 너무나 힘든 상황을 보내고 있습니다. 하지만 다른 학원에 비해 우리 태권도장은 출석률이 상당히 높은 이유를 생각해보면, 정원제의 적극적 시행도 원인이 있겠지만, 휴관 전부터 모신 청결 담당 여사님의 존재도 높은 회복률을 가져왔다고 봅니다.

이렇게 명 여사님을 모셨지만, 개인 사정으로 근무가 어렵다고 하셨습니다. 아쉽지만 제가 잡을 수도 없기에 빠른 시일 내에 후임 여사님을 모시기로 했습니다. 우선 주변에 괜찮은 분의 소개를 부탁드렸고, 명 여사님은 반가운 소식을 알려주셨습니다.

현재 운영하는 태권도장 건물의 청결을 담당하는 오 여사님에게 제안을 하였는데, 흔쾌히 받아주셨다고 말이지요. 저는 몰랐는데 두 분이 오전에 근무를 하시며 친분을 쌓고 계셨던 모양입니다.

연배도 비슷하시고 서로 마음이 잘 맞으셨는지 4개월이라는 시간 동안 '언니 동생'으로 부르는 사이가 되셨더라고요.

솔직히 청결 담당 여사님을 모시기로 생각했을 때, 가장 먼저 떠올린 분은 오 여사님이었습니다. 하지만 오전 9시경에 출근하셔서 오후까지 지하 1층, 지상 5층의 건물 전체의 청결을 담당하셨기에 차마 우리 태권도장 청결까지 부탁드릴 엄두를 못 냈습니다. 하지만 명 여사님의 부탁을 받은 오 여사님은 제게 이렇게 말씀해 주셨습니다.

"관장님, 제가 오전 9시 출근이지만 운동한다는 생각으로 부지런을 떨어서 오전 7시까지 도착한 뒤 태권도장 청소할게요. 태권도장 청소를 마무리하고 건물 청소를 하면서 관장님 출근하실 때까지 수시로 태권도장을 들여다보고 있을게요.

앞으로 잘 부탁드립니다."

명 여사님께서 시작해 주신 청결 담당 여사님의 역할을 오 여사님께서 이어 주시게 되었습니다. 전문 청결 담당자가 있기에 태권도장은 청결과 소독, 방역에 있어 한층 안정적인 대처가 가능했습니다. 집보다 안전한 모습이기를 원했고, 이런 모습을 수시로 학부모에게 알림으로써 안심할 수 있도록 하였습니다. 코로나 시기 어쩌면 안심이야말로 가장 학부모의 마음을 사로잡은 운영이 아닐까요.

04

손 소독을 목숨처럼

코로나바이러스 예방의 첫째는 '손 소독'입니다. 누구나 알고 있는 사실이지만, 개인적으로 코로나 사태 이전부터 소독을 목숨처럼 여기며 운영하고 있었습니다. 그럴 수밖에 없었던, 저의 경험을 이야기해보려 합니다. 코로나로 인해 정착된 손 소독이, 앞으로도 목숨처럼 여겨지길 바랍니다.

한창 사범 생활을 하던 2009년 봄. 당시 근무하던 태권도장에 7살 남자아이가 새로 입관하였습니다. 워낙 외모가 튀는 아이라 속으로 부모 중 누가 외국인인가 생각도 했었죠.

환한 얼굴로 사범인 저에게 눈을 맞추며 다가오던 아이였습니다.

“이름이 뭐니?”
“○○요. 이○○”

아이의 말투를 듣고 ‘외국인은 아니구나’ 했을 정도로 이국적인 아이였습니다. 단 조금 특별했던 점이 있었습니다. 아버지가 누구나 다 아는 유명한 연예인이었습니다. 워낙 밝고 활발하다 보니 주변에 사랑을 많이 주고 많이 받는 아이였지요. 나중에 아이가 태어난다면 저렇게 사랑스러운 사내아이였으면 좋겠다고 생각할 정도였습니다.

2009년 봄부터 시작된 독감인 신종플루는 여름, 가을이 지나도 사라질 기미가 보이지 않았습니다. 더욱이 치료제인 타미플루의 수급이 제때 이루어지지 않아 전 국민은 불안에 떨어야 했습니다. 특히 면역력이 약한 어린 자녀들을 둔 학부모의 걱정이 이만저만이 아니었습니다.

서서히 '신종플루'에 대한 불안이 잦아지던 11월 초. 태권도장이 있던 상가 1층에서 그 아이와 어머니를 만났습니다. 저는 전날 결석에 관해 물어보았습니다.

"사범님 안녕하세요. 미처 연락 못 드려 죄송해요. 어제부터 ○○가 살짝 미열이 있어서 못 보냈어요. 아직도 미열이 내리지 않아서 지금 병원 가는 중이에요. 약 먹고 푹 재워서 몸 좀 괜찮아지면 바로 태권도장 보낼게요."

약 잘 먹고 곧 태권도장에서 보자는 제 말에 "네!" 하고 대답하는 아이. 그때는 생각하지 못했습니다. 아니 생각할 필요도 없었습니다. 이 만남이 결국 마지막이 되었고, 항상 웃던 얼굴을 검은 리본 안에서 보게 되었습니다. 아이와 마지막 인사를 하고, 처음 뵌 아이 아버지께 저도 모르게 이 말이 나오더군요.

"제가 운동을 더 열심히 시켰으면 더 튼튼해져서…"

당시에는 별별 생각이 다 들었습니다.

'내가 안아줄 때 옮았나…'

'혹시 태권도장에서 그 몹쓸 병균이…'

'만약 손 소독 같은 걸 더욱 철저히 시켰으면, 어땠을까…'

'혹시 마지막으로 데려다줄 때, 날이 조금 쌀쌀했는데, 그때 옷이라도 덮어줬어야 했나, 그때 감기에 걸린 건가?'

이후, 도장에서 아이들을 지도하고, 웃으며 생활하기가 쉽지 않았습니다. 마음을 추스르는데, 가장 큰 도움이 되어준 것은 역시 아이들의 사랑이었죠. 그 아이가 준 것처럼 못난 저에게 주는 아이들의 사랑말이죠.

2010년 새해를 맞이하고 얼마 지나지 않아, 그 아이를 찾아갔습니다. 생전 좋아하던 장난감들 사이에서 여전히 빛나게 웃고 있더라고요. 오랜만에 서로 웃고 눈 맞추며 이야기 했습니다. 아이에게 다짐했지요.

"사범님은 앞으로 더욱 열심히 지도할게! 그래서 우리 ○○친구들을 더 튼튼하게 만들게! 못된 병균들이 몸속으로 들어오지 못하게 할게! 들어 와도 이길 수 있게 할게! 지켜봐

줘!"

이런 일을 겪다 보니, 저는 학원 내 청결이나 개별 손 소독의 중요성에 대해 남보다 일찍 깨달은 편입니다. 코로나로 인해 손 소독과 방역에 대한 중요성을 모두 알게 되어 다행이라고 생각합니다. 손 소독을 목숨처럼 여기세요.

05

코로나 시대 차량 운행

바야흐로 코로나 시대입니다.

'피할 수 없다면 즐겨라'라는 말이 있듯이 코로나를 즐기기까진 아니더라도 공존할 방법을 찾아야 합니다.

전국의 수많은 학원에서 차량 운행을 합니다. 코로나 시대에도 차량 운행은 멈출 수 없지요. 이왕 하는 거 학부모의 마음을 사로잡으면서 해야죠. 5장에서 설명한 차량 운행 방식에 덧붙여 코로나 시대 차량 운행법을 추가합니다.

저는 원장인 제가 직접 차량 운행과 관리를 하기에, 쉽게 진행한 면이 없지 않습니다. 하지만 그렇지 않더라도, 담당자와의 충분한 대화로 어느 정도 활용하실 수 있습니다.

매일 '선물' 주는 관장님

우리 태권도장 차량에는 자동문이 없습니다. 그렇다 보니 저나 동승자가 직접 문을 여닫으며 승하차를 돕습니다. 아이들이 차량에 승차할 때면 저나 동승자는 항상 선물을 줍니다. 선물이지만 받는 아이들 입에서는 "힝", "치이!", "뭐에요" 하는 말이 나오죠. 선물의 정체는 바로 '손 소독제'입니다.

총 3통의 손 소독제가 운전석 옆, 중앙 컵홀더, 조수석 옆에 비치되어 있습니다. 어느 쪽으로 승차를 하든, 승차 전에 꼭 저와 동승자는 아이들에게 선물(손 소독제)을 줍니다. 도장 출입 전 반드시 손 소독을 하겠지만 차량 운행 시에는 상대적으로 덜 신경 쓰게 되지요.

저는 마치 서부 영화에서 총잡이가 총을 꺼내듯이 '탁' 꺼

내듭니다.

"자! 선물!"

처음부터 아이들에게 손 소독제를 "자! 선물"하며 주지는 않았습니다. 코로나로 인해 하루에도 수십 번씩 손 소독을 하는 아이들입니다. 워낙 자주 하다 보니 가끔 거부하기도 하지요. 이런 아이들에게 어떻게 해야 잘 줄 수 있을까 고민했습니다.

"선물 받고 타자~", "자, 선물"
"○○야, 관장님이 선물 줄게."

선물이란 말에 반응이 무척 좋았습니다. 바로 손을 내미는 아이에게 손 소독제를 짜주면 에잉! 하고 실망을 하지만 싫지만은 않은 눈치입니다. 간혹 제가 잊거나 바로 주지 않으면 아이들이 먼저 이야기합니다.

"선물 주세요."

"선물 안 받았어요."

학부모가 아이와 승차지점으로 같이 올 경우, 아이의 "선물 주세요!"라는 말에 깜짝 놀라곤 합니다. 하지만 그 선물의 정체를 알게 되면 빙긋이 웃음을 지으시죠. 하루에도 몇 번씩 손 소독을 해야 하는 아이. 하기 싫어하는 걸 누구보다 잘 아는 부모라면, 이런 관장의 모습에 어떤 생각을 하게 될까요?

수시로 뿌리는 관장님

차량에는 손 소독제와 함께 분무기도 비치되어 있습니다. 균을 박멸하는 소독액이 들어 있지요. 솔직히 전부터 손 소독을 하고 있었지만, 차량에 소독약까지 뿌리며 방역을 하지는 않았습니다. 뿌리는 방식에 대한 불안감이 있는 것도 사실이고요. 최대한 성분을 살펴보고, 개방된 상태에서 뿌립니다. 이것만 잘 지키면 언제든지 쉽고 빠르게 가능합니다.

아! 절대 밀폐된 공간에서 하면 안 됩니다. 매번 큰 분사기로 뿌리고 닦아야 한다면 아마 귀찮아서 안 하겠지요? 아예 안 하느니 개방된 상태에서 자주 뿌려주는 것으로 정하니 마음이 편하더군요. 수많은 경로로 본, 소독 방역하는 장면에서 아주 큰 분사기(?)로 뿌리는 모습만 봤지, 일일이 닦는 모습은 못 보셨을 겁니다. 구석구석 뿌리고 일일이 닦아야 한다고 생각하면, 전 분명 귀찮아서 안 했을 거예요. 그래서 전 아예 안 하느니, 구석구석 뿌리기만이라도 합니다!

코로나 시기, 소중한 자녀를 태권도장에 보내주시는 것만으로도 너무 감사합니다. 할 수만 있다면 그 믿음에 감사를 드리며 업어드리고 싶은 마음이에요. 학부모로서는 큰 결단을 내리고 우리에게 보내는 것이니까요.

그런 마음에 보답하고 싶다면 원의 소독, 방역상태, 준수 여부 등을 알려주세요. 차량 승차 시 건네는 선물과 방역 습관은 학부모의 불안을 덜어줄 수 있습니다.

맺음글

2019년 만개한 벚꽃이 세상을 분홍빛으로 보이게 할 때, 책의 집필을 시작했습니다. 보잘것없을 줄 알았던 저의 경험이 누군가에게 도움이 될 것이라는 확신을 품게 되었습니다. 저 역시 오롯이 본인의 능력만으로 소기의 성과를 이룬 것이 아니기에, 도움을 주고 싶었습니다.

정신없는 일과 중에서 짜내고 짜내어 평일 하루 한 시간 집필의 시간을 확보했습니다. 넉넉지 않은 시간과 부족한 작문 실력으로 인해, 초고의 완성은 기약 없이 미뤄지다 급기야 해를 넘기게 되었죠.

그래도 꾸준함이 빛을 보았는지 해를 넘기자, '코로나바이러스'라는 엄청난 호재(?)를 만나게 되었습니다. 코로나바이러스를 호재라 부른 점에 반감을 사실 분이 많을 거라 봅니다. 하지만, 학부모의 마음을 얻는 방법을 설파하는 저에게는 분명 호재가 아닐 수 없습니다. 안 그래도 우리에게 학부모의 마음은 생사나 성패가 갈린 요소였는데, 코로나 시대에는 그 중요성이 더욱 커졌으니까요.

또 인용하지만, '백문이 불여일견'이라 하지요. 제가 무려 책의 7할 정도를 할애하여 이야기한 [사진운영법]은 코로나 사태 전에는 '최고의 학. 마. 법(학부모의 마음을 사로잡는 방법)'이었지만, 코로나 시대에는 '최고 중의 최고 학. 마. 법'이 되었습니다.

'무균실 수준으로 태권도장을 방역하겠습니다.'
'집보다 깨끗한 태권도장을 지향합니다!'
'철저한 손 소독, 전원 마스크 착용을 준수합니다.'

지금 우리가 가장 흔하고 절실하게 사용하는 이런 문구들은 누구나 '말' 할 수 있습니다. 하지만 말만으로는 학부모의 마음을 얻을 수 없습니다. 진정으로 학부모에게 믿음을 주고, 그로 인해 마음을 얻기 위해서는 보여야 합니다.

분명, 어떤 이에겐 코로나 시대가 다시 만나기 힘든 일생의 기회일 것입니다. 모쪼록 이 시기를 일생의 기회로 만들기 위한 분들에게 미약하게나마 도움이 되길 간절히 바랍니다.

2020년 7월. 원고의 반을 스마트폰과 블루투스 키보드를 이용해 작성할 수 있도록 해준, 소중한 나만의 작업실 '송도 하늘 태권도 어린이 보호 차량'에서.